NLP

----

ve

Başarı

Yayınevi	: KARİYER YAYINCILIK İLETİŞİM EĞİTİM HİZMETLERİ LTD. ŞTİ. Klodfarer Cad. No: 16/4 Fırat Apartmanı 34400 Sultanahmet/İSTANBUL Tel : (0 212) 516 99 84 Fax : (0 212) 516 99 80
Kitap Editörü	: Canan Başoğlu
Yazarı	: Mehmet Öner

Kariyer Yayınları	: 20
Gelişim Dizisi	: 8

Yayına Hazırlayan	: Kaan Alp
Sayfa Tasarımı	: Şencan Fen
Düzeltme	: Özlem Pala
Kapak Tasarımı	: Paralel Tanıtım
Kapak Baskısı	: Emirler Ofset
İç Baskı	: Ecem Ofset
Cilt	: Dilek Mücellit

Birinci Baskı	: İstanbul, Aralık 2001
ISBN	: 0975-8515-22-5

NLP

ve Başarı

MEHMET .ÖNER

İÇİNDEKİLER

Yazar Hakkında

1959 yılında Afyon'a bağlı Emirdağ ilçesinin Umraniye köyünde doğan Mehmet Öner, ilk, orta ve lise eğitimini Eskişehir'de tamamladı. 1983 yılında Gazi Üniversitesi, İktisadi ve İdari Bilimler Fakültesi İşletme Bölümünden mezun oldu.

Yazarın iş yaşamı sırasıyla şöyle gelişti:

- Gölcük Tersanesi Komutanlığı
- Arçelik Eskişehir İşletmesi / Eğitim Uzmanı
- Flokser Group / Grup İnsan Kaynakları Yönetmeni
- DESA Deri Sanayii A.Ş./İnsan Kaynaklarından Sorumlu Genel Müdür Yardımcısı (İş yaşamına halen bu görevde devam ediyor.)

NLP ve BAŞARI, yazarın dördüncü kitabıdır. Yazarın daha önceki çalışmaları şunlardır:

- Yönetici ve İnsan Kaynakları Uzmanının El Kitabı, Eylül 1999

- Kişisel Kariyer Planlaması, Şubat 2001

- İş Dünyası ve Hayatın İçinden Hikayeler, Temmuz 2001

Dergilerde de iş yaşamı ve kişisel gelişim konularını işlediği makaleleri yayınlanan yazarın uzmanlık alanı; yetişkin eğitimi, kişisel gelişim ve insan kaynakları alanındaki konuları kapsamaktadır.

Evli ve iki çocuğu olan Mehmet Öner, kariyerindeki ilerlemenin NLP'yi tanıdıktan sonra hızlandığını söylüyor. Yazara göre kendisine ve kariyerine önem veren kişilerin, NLP'yi çok iyi anlayıp uyguladıklarında başarıya ulaşmamaları için hiçbir gerekçeleri olamaz.

Giriş

*Bir insanın başına gelebilecek en üzücü deneyim,
kötü bir kariyerin yanında,
beyazlamış saçlar ve kırışıklıklarla uyandığında,
yıllar boyunca benliğinin küçük bir
parçasını kullandığının farkına varmasıdır.*

V. W. Burroughs

Aynı anda iki dünyada yaşadığımızı, iki dünyamız olduğunu ve bu iki dünya arasında gidip geldiğimizi hiç farkettiniz mi?

- Gerçek dünyamız
- Hayal dünyamız

> **İlk kez kabullenene kadar, kendimiz hakkındaki hiçbir şey değişemez.**
> Sheldon Kopp

Gerçeklerimiz, yaşadığımız dünyamız; hayallerimiz ise, yaşamak istediğimiz dünyamızdır. Ne kadar iyi yaşarsak yaşayalım, daha iyi yaşamayı amaçlayan hayallerimiz vardır. Hayallerimizi gerçekleştirmek için çabalar dururuz. Hayallerimizi gerçekleştirmek başarının kendisidir. Başarı, günümüz dünyasında en çok konuşulan kelimelerden

> **Kendini bilmeyi öğrenen hiç kimse, önceden olduğu gibi kalmaz.**
> Thomas Mann

birisidir. Ancak başarı için bazı temel noktalar vardır.

Başarının temeli, kendimizi tanımak ve kendimiz hakkındaki her şeyi kabullenmekten geçer. Olumlu ya da olumsuz yönlerimizi, güçlü yönlerimizi, zayıflıklarımızı kabullendikten sonra değişim ve aradığımız başarı gelecektir.

> **Başkalarını tanımak akıllılıktır; kendini tanımak gerçek bilgeliktir. Başkalarını yönetmek güçtür, kendini yönetmek gerçek güçtür.**
> Lao Tzu

Başkaları hakkında düşünmeyi ve konuşmayı seçeriz çoğu zaman. Ancak sıra kendimize geldiğinde tembelliğimiz tutabilir. Ama başarı istiyorsak, önce kendimiz hakkında düşünmemiz, öncelikle kendimizi tanımamız gerekiyor.

> **İnsanlar kesinlikle üç gruba girerler: A. Herkes gibi olanlar, B. Bazıları gibi olanlar, C. Hiç kimseye benzemeyenler.**
> C. Kluckholm ve H. Murry

Şunu çok iyi bilmemiz gerekiyor. Başarı, farklı olmayı becerenlerindir.

Çünkü;

Ve:

Neuro Linguistic Programming (Sinir Dili Programlaması) kelimelerinin kısaltması olan NLP'nin tanıtımında en yaygın

> **Makul insan kendini çevresine adapte eder, makul olmayan insan çevresini kendine adapte eder. Bunun içindir ki, bütün ilerlemeler makul olmayan insanlara bağlıdır.**
> George Bernard Show

olarak kullanılan ifade "insan mükemmelliğinin modellenmesi"dir. Bunun anlamı; bir insan bir şeyi başarabiliyorsa, o insanı

model olarak alıp biz de yapabiliriz. Buda o insanın, başarı-
yı zihninde nasıl gördüğünü, davranışlarını nasıl gerçekleştir-
diğini bulup kendimize aktarmakla (modellemekle) olur. Bu-
nu yapmakla beynimizin daha fazlasını kullanmış oluruz.
NLP'yi ana hatlarıyla tanıtmak istediğimizde şunları söy-
leyebiliriz:

✤ **NLP bir yöntemdir.** Her davranışın bir yapısı vardır. Bu
yapıyı öğrenebilir, değiştirebilir ve modelleyebiliriz. Algı-
larımızla da hangi davranışın yararlı ve etkili olduğunu
anlayabiliriz. NLP kendinizin ve başkalarının dünyayı na-
sıl algıladığını açıklar.

✤ **NLP bir davranış biçimidir.** NLP hayata bir öğrenme
ve gelişme fırsatı olarak bakar. İnsanları etkileyen iletişim
tarzları ve öğrenmeye değer şeyler konusunda ustalaş-
mayı amaçlar, öğrenmeyi etkin kılar. Bilgiyi daha etkin
kullandırır.

✤ **NLP bir teknolojidir.** NLP'nin araçlarını kullanan bir ki-
şi, imkânsız gibi gördüğü sonuçlara ulaşabilmek için, bil-
gisini, algılamalarını, düşünce yapısını organize etmeyi
becerir. Yaratıcılığı geliştirir.

✤ **NLP kişinin kendisi ve diğer insanlarla iletişiminde
bir anahtardır.** Beynimizin çalışması, düşüncelerimizin
ve davranışlarımızın temelini öğrenerek önce kendi içi-
mizdeki çelişkileri gidermeyi, daha sonra başka insanlar-
la iletişimimizi geliştirmenin yollarını öğretir. Daha etkin
iç ve dış iletişim geliştirir.

✤ **NLP değişim sanatıdır.** Her davranışın bir yapısı oldu-
ğunu ve bunu modellemeyi öğrendiğimizde değişim ve
gelişim bizim için bir sanat halini alır. NLP değişimi ger-
çekleştirir.

☞ **NLP beynin kullanılması için bir rehberdir.** NLP'nin temel varsayımlarından birisi olan "Harita bölgenin kendisi değildir." ilkesi anlaşıldığında, algılarımıza kumanda etmeyi öğrenerek beynimizi daha etkili olarak kullanabiliriz. NLP mükemmelliği hedefler ve sürekli mükemmelliği arar.

Elinizdeki kitapdaki amaç, yıllar sonra düşündüklerinde, pişmanlık duymamak için başarıyı erken yaşlarda arayanlara, kendilerini değiştirmeyi kabul edenlere, kendini tanıma gücünün keyfini yaşamak isteyenlere ve farklı olmak isteyenlere pratik bir kullanma klavuzu sunmaktır. Bu klavuz, NLP tekniklerini kullanmanız için uygulaması kolay bilgiler veriyor.

1.

NLP ve Beyin

NLP'nin Doğuşu

NLP, beyin üzerinde yapılan araştırmalar sonucunda ortaya çıkan bir düşünce sistemidir. Aslında beyin üzerinde yapılan araştırmalar 2500 yıldır devam etmektedir. Bugünün gelişen teknolojisi ile beyin hakkında insanoğlunun bilgisinin her 10 yılda bir iki katına çıktığı söylenir.

Beynin yapısının karmaşıklığını göz önüne alırsak, belki de beyin hakkındaki her şeyi hiçbir zaman bilemeyeceğiz. Ancak 1900'lü yılların ikinci yarısından itibaren yapılan araştırmalar, beyin hakkındaki bilgimizi çok fazla artırdı. İnsanoğlu, beynin çalışmasını öğrendikçe, ondan daha fazla yararlanmayı öğrendi.

İnsan beynine baktığınızda, beynin iki yarım küreden meydana geldiğini ve iki yarım kürenin corpus callosum denilen özel bağlantı dokuları ile birleştiğini görürsünüz. Bu 1970'lerde, tedavisi çok zor olan sara hastalığını iyileştirmek için yapılan son çalışmalarda Roger Sperry, Joseph Bogen ve Michael Gazzanaga tarafından gerçekleştirilen ünlü "bölünmüş beyin" operasyonlarında ayrılan dokudur.

Yine 1970'lerde, Robert Ornstein beynin uzmanlaşması yönünden bilinç psikolojisi hakkında yazılar yazıyordu. Bu araştırmacılar ve diğerleri beynin gerçekten kısımlara ayrıldığını ve her yarım beyinde bu farklılıkların yer aldığını gösteren kanıtlar sunan, çok sayıda deneyler gerçekleştirdiler.

1970'lerin ortalarında, Amerikan Ulusal Sağlık Enstitüsü'nden Paul Mac Lean, insanın gelişiminin temel olarak alındığı, beynin özelleştirilmiş fonksiyonlarının bölüştürüldüğü Üçlü Beyin Modeli'ni geliştirdi. Bu modele göre insan beyninin sırasıyla sürüngen beyni, memeli beyni ve beyin zarı olarak geliştiğini gösterdi.

Bu yeni teorinin ortaya çıkmasına rağmen basın, sadece sol ve sağ yarımküreye odaklanan beyin gelişmelerini yazdı.

NLP'nin doğuşu 1970'lerin başlarında Santa Cruz, California Üniversitesinde, dilbilim konusunda yardımcı doçent olan John Grinder ile, aynı üniversitede psikoloji öğrencisi olan Richard Bandler'in tanışmaları ile başladı. Bandler aynı zamanda matematik ve bilgisayar eğitimi alıyordu. Psikiyatriye merak saran Bandler, döneminin önde gelen psikiyatristlerini araştırdı. Önce ünlü aile terapisti Virginia Satir'in konferans söyleşilerini yazıya dökmeye başladı. Bu çalışmaları yaparken, Virginia Satir'in uygulamalarında belirli kalıpların olduğunu fark etti. Bu durumu Satir bile bilmiyordu. Bandler'in bu uygulaması NLP'de modelleme dediğimiz uygulamanın başlangıcı oldu. Bu arada John Grinder ile tanıştı.

Grinder, 1960'larda ABD gizli servisi ve ABD ordusu özel kuvvetler birimi için çalışmıştı. Bu çalışmaları sırasında dil asimilasyonu, kültürel davranışlar ve aksan kazanımı gibi konularda ustalaşmış, antropoloji ve psikolojiye ilgi duyar hale gelmişti. Bu ilginin amacı, düşünce ve eylemin gizli gramatik yapısını keşfetmekti. Bu çalışmalar farkında olmadan NLP'nin temelini oluşturuyordu.

Bandler, Geştalt terapisi konusunda akşamları dersler veriyor ve uygulamalar yapıyordu. Bu uygulamalarda o kadar ustalaşmıştı ki, Geştalt terapisinin kurucusu olan Fritz Perls'i modellemiş ve ona yakın sonuçlar almaya başlamıştı. Modellemenin başlangıcı böyle olmuştu.

Bandler daha sonra Virginia Satir ve İngiliz antropolog Gregory Bateson'ı modelledi. Bandler ve Grinder daha sonra birlikte davranış değişiminin sırlarını araştırmaya başladılar. Örneğin, fobileri olan insanları incelemeye başladılar. Bu incelemeler sırasında, fobileri olan insanların, korktukları şeyin o an başlarına geldiğini düşündüklerini gördüler. Bu buluş, onların fobileri olan insanları iyileştirmelerini sağladı.

Bu buluşla NLP bir dönüm noktasına gelmişti: "Düşünme farklılıkları, insanların olayları tecrübe etmelerinde farklılık yaratıyordu." Önce değiştirecekleri şeyin ne olduğunu sorguladılar. Burada önlerindeki örnek Milton H. Erickson idi.

1901 yılında doğan Erickson, 18 yaşında geçirdiği felç hastalığı nedeniyle bir yıl boyunca bir çelik ciğere bağlı olarak yaşadı. Hareket edemiyor ama görüyor, duyuyor ve düşünebiliyordu. Zaman geçirmek için insanların sözlü ve sözsüz davranışlarını inceliyordu. Erickson özellikle açıkça söylenmeyen ama ima edilenler arasındaki farkları inceliyordu. Yeniden yürümeyi öğrenmek için bebekleri inceledi. Bu olaylarlar sonucu Erickson, dünyanın en başarılı terapisti oldu.

Bandler ve Grinder 1975 yılında Erickson'a randevu almak için telefon açtılar. Niyetleri Milton Erickson'ı modellemekti. Erickson onları kabul etmemek için çok meşgul olduğunu söyledi. Bu sözlere Bandler çok ilginç bin yanıt vermişti. "Bay Erickson, bazı insanlar nasıl olursa olsun zaman yaratır." Bu sözlerdeki "Bay Erickson zaman yaratır." cümlesi farklı bir ses tonuyla söylenmişti ve Erickson'ın dil kalıplarına uygundu. Erickson'ın cevabı "Beni her zaman arayabilirsiniz." olmuştu.

Erickson'ın dil kalıplarını inceleyen çalışmalarını kitaplarının birinci cildi olarak yayınladılar. Bandler ve Grinder 1976 yılında yaptıkları çalışmalara bir isim vermek için biraraya geldiler ve sinir sisteminin sözcüklerle programlanması anlamına gelen Neuro Linguistic Programming – NLP ortaya çıktı.

Öte yandan 1977'de Robert Dilts, San Francisco Langley Porter Nöropsikiatri Enstitüsü'nde, nöropsikolojik işlevler ve kişiye özgü göz hareketlerini inceleyen bir çalışma başlattı. Dilts çeşitli duyuları görme, duyma, hissetme gibi görevleri içeren soruların sorulduğu, kişilerin göz hareketleri ve bu konuların beyin dalga özellikleri ile bağlantı kuran elektrotlar kullandı. Sorulan sorular sekiz gruptan oluşan bir soru dizisidir. Her soru dizisi kişiye özgü görme, dinleme, kas ve duygusallıkla (iç diyalog) ilgili sorulardan oluşturuldu. Dilts'in bulguları, farklı kişisel görevlerde göz hareketlerinin yana doğru oluşuyla beyin aktivitesine eşlik eden diğer testleri onaylar nitelikteydi.

Bu çalışmaların sonucu olarak, bütün dünyada farklı kültür ve ırklardan insanlar üzerinde yapılan gözlemler sonucu, göz hareketi modelleri belirlendi. (Dilts 1976-1977, Grinder, DeLozier ve Bandler 1977, Bandler ve Grinder 1979, Dilts, Grinder, Bandler ve DeLozier 1980)

Bugün NLP bütün dünyada gelişimini sürdürüyor. Bir çok ülkede NLP ile ilgili okullar kuruldu. NLP uzmanları yetiştiriliyor. NLP insan gelişimi, değişimi ve başarı için en etkili yöntem.

Beynin Çalışması

İnsan davranışlarındaki farklılığın nedeni, beynin sağ veya sol yarısını baskın olarak kullanmakla ilgilidir. Beynin sol tarafı, mantıklı süreçler ve dilden yararlanarak bilinçli ve ayrıntılı düşünme konusunda daha güçlüdür. Sağ taraf, daha çok imgeler ve duygular ile ilintilidir. Daha kestirme bir mantığa yatkın görünür ve olayları bütünsel bir şekilde algılamaya eğilimlidir.

> İyiliği, hastalığı, sefaleti, mutluluğu, zenginliği, fakirliği yapan beyindir.
>
> **Edmund Spencer**

Sağ beyin, çok fazla bilgiyi, herhangi bir bilinçli çaba göstermeden anlamlandırma veya çözüm bulmaya çalışmadan doğal olarak tutma yeteneğine sahiptir. "Bu insanı önceden tanıyorum." dediğinizde duygular sağ beyninize gelir. Baskın sol beyniniz ise bunun imkânsız olduğunu düşünmektedir.

Sağ ve sol yarımküre arasındaki temel fark, genellikle sözel ve soyut olarak belirlenir. Sağ beyniniz şekilleri, yerleri ve uzaklıkları çok iyi anlayabilir. Sol beyniniz ise dil, mantıksal değerlendirme konusunda ustadır. Bunu daha iyi görebilmek için aşağıdaki tabloda gördüğünüz renkleri söyleyin, yazıları okumayın. ***(Tablodaki yazıların içini altında belirtilen renge boyayın.)***

YEŞİL (Kırmızı)	TURUNCU (Siyah)
SİYAH (Mavi)	SARI (Yeşil)
KIRMIZI (Sarı)	MAVİ (Turuncu)

Bu alıştırmada sağ beynimiz renkleri söylemeyi dener, ancak sol beynimiz kelimeleri söylemekte ısrar eder.

Vücudun sağ tarafına kumanda eden sol yarım küre ve sol tarafına kumanda eden sağ yarımkürenin farklılıkları şöyledir:

SOL BEYİN	SAĞ BEYİN
Konuşma, sözel	Müzikal
Mantıksal, matematiksel	Bütünsel
Doğrusal, ayrıntılı	Sanatsal, sembolik
Düzenli	Eşzamanlı
Kontrollü	Duygusal
Entelektüel	Sezgisel, yaratıcı
Baskın	Sakin
Maddeci, dünyevi	Ruhsal
Aktif	Yeni düşüncelere açık
Analitik	Yapay
Okuma, yazma, isimlendirme	Yüzleri hatırlama
Düzenli sıralama	Eşzamanlı anlayış
Önem sırasını algılama	Soyut modelleri algılama
Karışık hareket dizisi	Karışık figürlerin tanınması

Sağ ve Sol Beyin Farklılıkları

Son yapılan araştırmalara göre beynin iki yarısının fonksiyonel olarak çok keskin olarak ayrılmadığını göstermektedir. Her iki yarımküre, olayları birbirlerinin yaptığı şekille de yapmaktadır. Böylece sol beyin temel olarak analitik işleri yaparken, sağ beyin işleri ve olayları bütünsel olarak algılayabilmektedir.

Beynin iki yarısı da belirli fonksiyonları yerine getirmekte, fakat bunu karmaşık bir düzenleme içerisinde yapmaktadır. Örneğin; şairler beyinlerinin sağ kısımlarıyla hayal güçlerini ve duygularını çalıştırırken, sol beyinleri ile bu duygulara uygun kelimeler bulurlar. Bir yönetici, rahatladığı bir anda zor bir probleme çözüm bulabilmektedir. Fakat sol beynini kullanarak olayları toparlamakta ve uzun bir düşünme aşamasından sonra bunu yapabilmektedir.

Buna benzer bir çözüm, problem çözme ve yaratıcılık eğitimlerinde bir tavsiye olarak anlatılır: Bir problemle karşılaştığınızda, problemi beyninizin bir köşesine atın ve unutun. Bir süre sonra beyniniz, çözümü size sunacaktır. Bu geçen sürede, siz farkında olmasanız da beyniniz problemle ilgilenmiş ve hem sağ yarımküre hem de sol yarımküre çözümü bularak size sunmuşlardır.

Beynin çalışması, cinsiyete göre de farklılık göstermektedir. Kadının ve erkeğin değişik konularda birbirlerine göre üstünlükleri vardır.

ERKEK	KADIN
Matematiksel yetenek	Okuma yeteneği
Mekanik yetenek	Yabancı dilde ustalık
Modelleri görme	Çok keskin duyma
Uzaysal yetenek	Sözel yetenek
Maddelerde ve teoride daha iyi	Sezgisel ve duyusal mükemmellik
Daha çok araştırmacı soru	Daha çok hatırlatıcı soru
Daha analitik	Daha kuralcı
Maddeleri daha fazla doğrusal görme	Maddeleri bütünsel görme

Problem çözümünde daha iyi	Problemi anlamada daha iyi
Gerçekleri anlamada daha iyi	Süreci anlamada daha iyi
Görev takımlarını oluşturma	Grupları oluşturma
Yaratıcılığa teknik yaklaşım	Yaratıcılığa sezgisel ve ilişki yönünden yaklaşım

Erkek ve Kadın Yeteneklerinin Karşılaştırması

Peki bu düşünce farklılıkları nasıl oluşuyor?

Düşünce üretimi aslında sinirsel bir olaydır. Sinirlerin iletimi düşüncenin oluşumunda, bir düşüncenin elektrokimyasal unsurlarıdır. Düşüncenin nasıl oluştuğu tam olarak bilinmemekle birlikte, beynin özel bir bölgesinde gerçekleştiğini biliyoruz. Düşünce, diğer düşüncelerle bağlantı kuran ve sinerji ile şekil alan çok yoğun bağlantılarla oluşmaktadır.

Beynin Elektrokimyası

Her beyin tek ve eşsiz olmasına karşın, tüm beyinler elektrokimyasaldır. Elektriksel beyin dalgaları, beynin çalışma sistemini ölçmede yarar sağlamaktadır. Düşünceler, herbiri beynin sinirsel etkinliğinin bir çeşidi olan beta, alfa, teta ve delta beyin dalgalarından oluşur. Bu beyin dalgalarını anladığımızda, düşüncelerimizin değerini ve vücudumuzun biyolojik geri besleme mekanizmasını anlamış oluruz. Beyin dalgaları elektrik frekansları ya da Hertz ile ölçülür.

Beta uyanıklık halini temsil eder. Frekans aralığı 13-30 Hertz arasındadır. Beynin en uyanık halidir. Alfa durumunda Beta kadar uyanıklık hali yoktur. Alfa beynin sakin ve dingin halidir ve beyin frekansları 9-12 Hertz arasındadır. Teta, beynin serbest durumudur. Frekans aralığı 5-8 Hertz aralığındadır. Delta ise rüya görülmeyen derin uykuyu temsil eder. Delta için frekans aralığı 0,5-4 Hertz arasındadır.

Elektroensefelograf ile beyin dalgalarının ölçümü için yapılmış çalışmalar, tüm beyin dalgalarının beta, alfa, teta ve delta beyin dalgaları olarak çeşitlilik gösterdiğini kanıtlamaktadır. Bir kişi tamamen uyanık olduğu bir durumda ve bir işle ilgilendiği bir anda, bu kişinin beyin dalgaları beta aralığında olacaktır. Uyanıklığının derecesine göre beta dalgalarının frekansı da artacaktır. Bir kişi derin uyku halinde ise beyin dalgalarının frekansı da en düşük hale gelecek ve delta aralığında yer alacaktır. Eğer bu kişi uykuda ise her 90 dakikada bir beyin dalgaları teta olarak değişmektedir. Bu teta dalgaları, REM uykusu denilen süratli göz hareketleri (REM - Rapid Eye Movement) sırasında olmaktadır. Derin düşünmeye başladığımızda ve karar vermeye çalıştığımızda beynimiz alfa durumunda olur.

Yaratıcılığın Kimyası

Yaratıcı düşüncenin ortaya çıkışı, beyniniz, artan sinirsel beyin hücreleri aktivitelerine karşı koyduğu zaman, en iyi şekilde olur. Beyininizin kötü ya da iyi çalıştığını hissettiğinizde, bunun nedeni beynin kimyasıdır. Bazı kişiler kötü geçen günlerini "Bugün iyi düşünemiyorum." sözleriyle ifade ederler. Bazen de "Bugün gerçekten harikayım." sözlerini düşüncelerimizin verimliliğini ifade etmekte kullanırız. Böyle günlerde kendimizi yaratıcı ve zeki hissederiz. Bunu şöyle açıklayabiliriz.

Beyin elektrokimyasal bir organdır. Beyindeki iletiler birbirleriyle bağlantı kurduğunda, beyin düşünme süreci içindeki kimyasal reaksiyonlarını gösterir. Serotonin'in örnek gösterilebileceği, sinirsel beyin hücresi bağlantılarının görüldüğü 50 civarında sinir ileticisi vardır. Her iletici alıcılarla bir kilitanahtar ilişkisi kurar. İleticinin eşleşebileceği bir alıcı yoksa sinirler arası bağlantılar oluşmaz ve beynimizin iyi çalışmadığını, iyi düşünemediğimizi düşünürüz. Sinirler arası bağlantı kurulduğunda ise yaratıcı potansiyele sahip olduğumuzu ve zeki olduğumuzu düşünürüz. Sinirsel beyin hücrelerinin çalışmaları arttığında, fikir üretme çoğalacaktır.

Beynin çalışması için uygun biçimde beslenmesi de gerekir. Bir şey yediğimizde ya da içtiğimizde yalnızca vücudumuz değil beynimiz de beslenir. Besleyici gıdalar sinirleri de besleyerek etkileşimlerini artırır ve zihinsel aktivitelerimizi uyarır. Sinirsel beyin hücreleri iletişimini artırarak zihinsel aktivitelerimizi ortaya çıkartan çok güçlü katı ve sıvı gıdalar vardır. Sinirsel iletişimin artmasıyla, sinirsel beyin hücreleri aktivitelerini artıracaktır.

Beyin ve Yaratıcılık

Yaratıcılık için yapılmış olan birçok tanım, yaratıcılığın sağ beyin aktivitesi olduğunu anlatır. Yaratıcılık ve değişim için araştırmacıların ortaya çıkardığı, değişik süreçlerden oluşan modeller vardır. Bunlardan biri, Graham Wallas tarafından tanımlanan dört aşamalı bir süreçtir. Bu adımlar; hazırlanma, kuluçka dönemi, düşüncenin ortaya çıkması ve doğrulamadır. Bu dört aşamaya Ned Herrmann tarafından iki aşama daha eklenmiştir. Bu adımlar; sürecin başına konan İlgi ve sürecin sonuna gelen uygulamadır. Ned Herrmann tarafından eklenen bu iki unsurla yaratıcı süreç şu şekli almıştır:

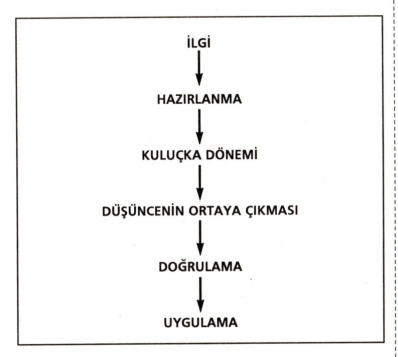

İLGİ

↓

HAZIRLANMA

↓

KULUÇKA DÖNEMİ

↓

DÜŞÜNCENİN ORTAYA ÇIKMASI

↓

DOĞRULAMA

↓

UYGULAMA

Yaratıcı Süreç

İlgi, yaratıcı sürecin gerekçesi ve dayanağıdır. Sürecin ikinci aşaması, hazırlanma aşamasıdır. Bu aşamada bilgi toplama, bunları analiz etme ve sıraya koyma gerçekleşir.

Bu durumu bir örnek olay üzerinde düşünelim: Bilgisayar donanımı üreten bir şirkette çalışıyorsunuz ve genel kullanım amaçlı bir monitör tasarımı ile hiç ilgilenmediniz. Şirketiniz rekabet için yeni avantajlar sağlamak istiyor ve bu konuda yeni uygulamalara girmek üzere. Siz ise bilgisayar konusunda çalışmayı çok seven yeğeninizi düşünmeye başladınız. Problemleri çözme konusunda büyük bir ilgiye ve sıkı bir motivasyona sahipsiniz: Bir bilgisayar yaratmak birçok kişi için hayal gücü sorunudur. Hazırlık aşamasında çözülmesi gereken sorun tam olarak belirlenir. Bunu şöyle netleştirebiliriz: "İlginç bir ekranı nasıl geliştirebilirim?" İnsanların monitör konusunda ihtiyaçlarını analiz etmek zorunludur. Hazırlık aşaması, sol beyin düşünme özelliklerini gerektirir.

Üçüncü aşama kuluçka aşamasıdır. Bu aşamada, problem üzerinde çalışılır ve motivasyon sağlanır. Beynin doğal sorun çözme süreci bilinçli ya da bilinçsiz olarak çalışmaya başlar. Kuluçka dönemi zihnin sağ beyin aşamasıdır. Sorunun olası çözümüne sezgisel olarak bakılır. Bu aşama kişi rahatladığında ya da başka bir işle uğraşırken gerçekleşir.

Örnek olayımıza devam edersek, problem tanımlandıktan ve bilgi toplandıktan sonra, izin verin bunlar beyninizde iyice pişsin. Bu aşama, büyük bir kitapçıda alış veriş yaparken kitaplar üzerinde göz gezdirmeniz gibidir. Problemi çözme konusunda bu aşamada bilinçli değilsiniz.

Kuluçka dönemi bazen birkaç saatte olur ya da hazırlık aşamasında da devam eder. Yaratıcı problem çözme süreci her zaman düzgün ve kronolojik olarak gelişmez. Aşamalar arasındaki tekrarlamalar ve gidip gelmeler, genellikle fikrin ortaya çıkmaya başlamasından önce gereklidir.

Sonraki aşama, düşüncenin ortaya çıktığı aşamadır. Fikir aklınıza aniden gelir. Bu aşamada bazen dalgın bir halde iken teta dalgaları eşlik eder. Düşüncenin ortaya çıkma aşaması, yaratıcı düşüncenin önceki aşamalarını tamamlamış olur. Birleştirme, sentez, sinerji ve fikirler bütün bunlara cevap olarak kendilerini gösterir.

Bilgisayar monitörü projesine dönelim. Parçalanmış ve dağıtılmış bir monitörünüz var ve akşam yemeğinden sonra evinizde, üzerinde çalışmaya başladınız. Sonra ümitsiz bir şekilde biraz ara vermeye karar verdiniz ve uçuş simülasyonu programınızla oynamaya başladınız. Oyunda joystick kullandınız. Oyunda uçakları çarpıştırdınız, sonra yine vazgeçip yatmaya karar verdiniz ve bir rüya görmeye başladınız. Rüyanızda uçuş oyununu joystick ile oynayan yeğeninizi gördünüz. Sonra yeğeninizin uçuş oyunuyla oynayamadığını ve ekrana yaklaştığını fark ediyorsunuz. Ekranın renklerini, kontrastını ayarlıyor ve görüntüyü düzeltiyor. Derken uyanıyorsunuz ve rüyanızın bazı bölümlerini hatırlıyorsunuz. Hemen bir kağıt parçası alıp not etmeye başlıyorsunuz.: "Joystick görüntü boyutunu kontrol edebilir, düğmeler kontrastı ve renkleri kontrol edebilir... yakınlık kontrolü... karartma... ses ayarı..." Bir dakika içinde zihniniz çok hızlı çalışıyor, bir joystick ile görüntü ayarını kontrol edebilmeyi çözmeye çalışıyorsunuz.

Sonraki aşama doğrulama aşamasıdır. Bu aşamada olası çözümün, asıl problemle ilişkisi incelenir. Düşüncenin ortaya çıkmasından sonraki bu aşama, çözümün gerçekten işe yarayıp yaramayacağını test etmek açısından gerekli bir aşamadır. Fikrin tam olarak uygulanmasından önce analiz edilmesi gerekmektedir. Bu aşama, beynin değerlendirici, teşhis edici ve analitik özelliklerinden faydalanan sol beyin çalışması ile ilgilidir.

Şimdi sorununuza olası bazı çözümlere sahipsiniz ve bu çözümün işe yarayıp yaramayacağını değerlendirmeniz gerekiyor. Bir joystick ile standart bir bilgisayar donanımı bütünleştirilebilir mi? Bir görüntü büyütülebilirse, renk ve görüntü yoğunluğu kontrol edilebilirse, görüntü ve renklerdeki değişim görülebilir mi? Ya da bunlar tamamen farklı bir uygulamaya mı elverişli? Bu çözümün sizin ihtiyaçlarınıza yarayacağını düşünüyorsunuz. Fakat bunu kontrol etmelisiniz.

Bir çözüm bir defa doğrulanırsa, uygulama, sürecin son aşaması haline gelir. Uygulama, fikirlerin uçup gitmesini engeller ve sorunların çözümünde kullanılmalarını sağlar. İlk uygulamanıza giriştiğinizde, doğrulama aşamasına geri dönmeniz gerekebilir. Çözüm probleme uygun mu ve uygulama sürekli hale gelebilir mi? Edison'un yüzlerce başarısız denemesini hatırlayın. Çözüm işe yaradı mı? Çözümün işe yaraması için ne gerekli? Gerekeni elde ettiğinizde problem çözülecek mi?

Düşüncenin ortaya çıkması aşamasında beliren ve doğrulama aşamasına geçilmeyen bir örnek olarak, 3M tarafından geliştirilen özel yapıştırıcıyı düşünelim. Çok ince fakat çok kuvvetli bir yapıştırıcıyı yaratmaya çalışırken, çok kolay uygulanan fakat amaçladıkları şekilde kalıcı olmayan bir yapıştırıcı geliştirdiler. Daha sonra birisi, bu hatalı yapıştırıcı için mükemmel bir uygulama keşfetti: Kapılara bırakılan notları bant yerine bu kalıcı olmayan yapıştırıcı ile bırakmak. Müthiş bir buluş! Bu, Post-it not kağıtlarının doğuşudur. Bu özel yapıştırıcının orijinal uygulama gereklerini karşılamamasına rağmen bir başka şaşkınlık, kolayca çöpe atıldığını gösteren, tamamıyla farklı bir uygulamayı göstermesidir.

Bu yaratıcı sürecin tanımlanmasının, üzerinde önemle durulacak tek bir sonucu vardır: Beynin sağ ve sol yarısı birlikte çalıştı ve sürecin başarısını artırdı. Kritik bir adımın veya temel zihinsel sürecin atlanması, yaratıcı çözüm ya da fikrin gelişmesini kötü bir şekilde etkileyecektir.

Bunlar tamamıyla doğal süreçle ve genellikle adımların ve sıralamanın gerçekten bilincinde olmadan yapılırken, süreç anlaşılır ve bilinçli olarak yerine getirilirse, yaratıcılık büyük oranda artırılabilir. Bu nedenle yaratıcılık öğretilebilir, öğretilmelidir. Tecrübelerimiz ortadadır: Yaratıcılık, büyük bir hızla serbest bırakılabilir ve yaratıcı süreç konusunda eğitilmiş kişi ve gruplarla başarıya ulaşılabilir. Bu sürecin meydana gelmesi için, ortama ve fikir üretmenin doğasına çok duyarlı olmak gereklidir.

Yaratıcı sürecin hangi aşamasında hangi beyin dalgalarının en iyi şekilde çalıştığını bilmek başarı konusunda yardımcı olacaktır. Yaratıcılık sürecine veya sürecin adımlarına bu bilgilerle yaklaşmayı aklınızdan çıkarmayın. Ortalama bir işadamının tipik yaratıcı süreci; ilgi, hazırlık, kuluçka dönemi, düşüncenin ortaya çıkması, doğrulama ve uygulamadan oluşur. Beyin dalgası araştırmaları, beyin dalgaları ile yaratıcı sürecin adımları arasında çok yakın ilişki olduğunu gösterdi. Araştırmacıların bulguları aşağıdaki gibidir:

↬ İlgi,bir problem durumunun uyanık halinin genel durumudur. Beyin beta durumundadır.

↬ Yaratıcı süreci özel bir probleme uygulamak için hazırlık, yüksek frekansta beta durumunu gerektirir: Çok kuvvetli, çok amaçlı, çok uygulamalı bir durum.

↬ Bir problemde, düşük frekanslı alfa durumunda oluşan hazırlık dönemini izleyen kuluçka dönemi, geniş beyin dalgalarının tasarlama için en iyi sonuçları ortaya çıkarmasıdır.

↬ Düşüncenin ortaya çıkması, sürecin teta durumunda oluşan aşamasıdır. Bu, potansiyel çözümün bir fikir olarak ortaya çıktığı aşamadır.

↬ Doğrulama, zihinsel sürecin beta durumuna geri dönüşüdür, bazen gece saat 2'de, duşta veya çalışırken ortaya çıkar. Bu aşama, potansiyel çözümün problemle ilişkisinin uyanık olarak değerlendirildiği aşamadır. Genellikle yüksek frekanslı beta durumudur.

↬ Uygulama, sürecin son aşamasıdır ve uyandırılmış beta seviyesi aktivitesidir.

Sonuç olarak;

a.   Beyin tüm zihinsel süreçlerin kaynağı olduğu gibi, yaratıcılığın da kaynağıdır.

b.   Beyin elektrokimyasal bir organ olarak, sinirsel beyin hücreleri aktivitesi için özel sinirsel iletilere ve yaratıcı sürecin temeli olan beyin dalgalarının oluşması için elektrik enerjisine ihtiyaç duyar.

Başarıya Giden Yol: Beyni Etkin Kullanmak

> **Kahramanlığı yaratan şey, kafaların içindeki şaşırtıcı beyindir.**
> Walt Whitman

Beynin çalışmasını ve yaratıcılığı gördük. Başarı, beyni verimli ve etkin bir şekilde, yaratıcılığımızı ortaya çıkaracak şekilde kullanmakla gelir. Beynin çalışmasını ve onu nasıl daha etkin kullanabileceğimizi düşünürken, bir yandan mevcut durumumuzu, davranışlarımızı , düşüncelerimizi anlamakta, kişisel haritamızı görmekte yarar var. Özellikle mevcut durumumuzu anladıktan sonra düşüncelerimizin ve davranışlarımızın nedenlerini ortaya çıkarabiliriz.

Bir durumu yaratan iki şey; beynimizde şekillenen düşünceler ve bu düşüncelerin sonucunda fizyolojimizdeki meydana gelen değişimlerdir. Bir durum karşısında önce beynimizde bir şeyler şekillenir ve kendimizle konuşuruz. Daha sonra bu durumu gözümüzün önüne getiririz. Bu durumu bir olayla açıklayalım:

Sizi sevdiğini düşündüğünüz birisi ile randevulaştınız. Ancak siz, randevu yerine zamanında gelmenize rağmen, sevdiğiniz kişi gecikti. Neden geciktiğini düşünmeye başlıyorsunuz. Çeşitli alternatifler var: Yolda kaza geçirdi ve şu anda hastanede yatıyor, belki de onu kaybettiniz. Ya da sizi zannettiğiniz kadar sevmiyor, sizi ihmal etmekten çekinmiyor. Belki de çok önemli bir işi çıktı ve size de haber veremedi. Olumlu düşünüyor ve en azından cep telefonunuzu arayacağını düşünüyorsunuz. Bu üç durumla ilgili olarak, bir yandan da gözünüzde bir şeyler canlanıyor.

Siz beyninizde bu düşüncelerle meşgul iken o çıkageliyor. Davranışınız, zihninizde yarattığınız durumlara göre değişecektir. Kaza geçirdiğini ve hastanede yattığını, belki de onu kaybettiğini düşünmüşseniz onu size doğru gelirken gördüğünüzde içiniz sevinçle dolacak ve mutlu olacaksınız. Sizi zannettiğiniz kadar sevmediğini ve ihmal ettiğini düşünmüşseniz, onu gördüğünüzde donuk bir ifade ile soğuk bir şekilde karşılayabilirsiniz. Belki de yanınıza geldiğinde ayağa bile kalkmayacaksınız. Ya da olumlu düşündünüz ve çok önemli bir işi çıkmasa vaktinde geleceğini düşündünüz. Bu durumda onu, zamanında geldiğinde nasıl karşılayacaksanız öyle karşılayacaksınız.

Yapacağınız davranışlar ve takınacağınız tavırlar, beyninizde yarattığınız duruma göre oluşacaktır.

Yukarıdaki durumla karşılaşan değişik kişilerin farklı davranmalarının birçok nedeni vardır. Hayatımızda rol modeller vardır. Bu rol modeller davranışlarımızı büyük ölçüde etkiler. Babanız eve geciktiğinde, annenizin takındığı tavırlar, sizi yıllar boyunca etkilemiştir. Anneniz sizin rol modelinizdir ve davranışlarınızda annenizi modellersiniz. Bunda inançlarınız, değerleriniz ve ilgilendiğiniz kişi ile ilgili deneyimlerinizin büyük etkisi vardır.

Algılama ve davranışlarımızı etkileyen diğer önemli unsur, fizyolojimizi kullanma şeklimizdir. Duruş şeklimiz, kaslarımızın gerginliği veya gevşekliği, aldığımız gıdalar, vücut kimyamız üzerinde etkide bulunacaktır. Beynimizde yarattığımız düşünceler ve fizyolojimiz birbirini etkiler.

Bu etkileşim üzerinde biraz daha düşünelim. Düşüncelerimizi etkileyen bir şey, kendiliğinden fizyolojimizi de etkiler. Bir olayı veya nesneyi olumsuz olarak algıladığınızda, vücudunuz buna hemen uyum sağlayacaktır. Ya da duruş şekliniz, düşüncelerinize kısa sürede uyum sağlayacaktır. Bunlarla ilgili iki senaryo üzerinde çalışalım.

Alıştırma 1:
Düşüncelerin vücudu (fizyolojiyi) etkilemesi:

Kendi başınıza olacağınız, rahatsız edilmeyeceğiniz ve düşüncelerinize yoğunlaşacağınız bir ortam oluşturun. Çok zor durumda kaldığınızı düşünün. Örneğin öğrencisiniz. Son sınıfta okuyorsunuz. Ancak, bir an önce hayata atılmayı düşünürken, derslerinizin iyi olmadığını ve bir dönem geç mezun olacağınızı düşünmeye başlayın. Geç mezun olursanız neler olacaktır? İşe girmeniz gecikecektir. İş görüşmelerinde, mezuniyetinizin gecikmesinin nedenini sorduklarında vereceğiniz cevabı bilemiyorsunuz. Mezuniyetinizdeki gecikme iş bulmanızı zorlaştıracaktır. Bir an önce kendi hayatınızı kurma konusunda üzerinizde şiddetli bir baskı var. Ailenizin size daha fazla destek verecek durumu yok. Ekonomik durumunuzu düzeltmeniz gecikecek. Aileniz size destek veremediği için belki mezun olamama riski var. Yıllar boyunca sürdürdüğünüz bütün çabalar boşa gidecek. İyi bir kariyer yapmayı beklerken sıradan bir işe razı olacaksınız. Çok güç bir hayat sizi bekliyor.

Dikkat ederseniz, hepsi olumsuz düşünce. Bir an için bu karamsar düşüncelere yoğunlaşın. Bu karamsar düşüncelerin sonucunda neler olacağını düşündükten sonra, bir aynanın karşısına geçin ve kendinizi inceleyin. Muhtemelen omuzlarınızın düşmüş, yüzünüzdeki tüm kaslar gerilmiş, kaşlarınız çatılmıştır. Sizi bu durumda gören birisi, size kesinlikle neler olup bittiğini merakla soracaktır.

Alıştırma 2:
Vücudun (fizyolojinin) düşünceleri etkilemesi:

Bu alıştırma, birinci alıştırmanın tam tersi bir durumu düşünelim. Gerçekten güç bir durumda kaldınız. Durum gerçekten kötü. Ancak, moral bozucu bu durumda karamsar düşüncelere yoğunlaşmak yerine, bir an için kendinize şike yapmayı deneyin. Aynayı baktığınızda gördüğünüz, birinci alıştırmada anlatılan durumunuzu değiştirmeyi deneyin. Evet, durumunuz kötü ama, bitkin ve bezgin görüntünüzü değiştirmeyi deneyin. Omuzlarınızı dikleştirin, yüz ifadenizi rahat bir pozisyona getirin, yüz kaslarınızı gevşetin. İnsanlara gülümseyin, kendinize güvenli bir görüntü verin.

Çok geçmeden, bir dakika içinde beyninizdeki olumsuz düşüncelerin yerini olumlu düşünceler alacaktır. Alıştırma olarak verdiğimiz bu hareketi, günlük hayatınızdaki olumsuz durumlarda kullanabilirsiniz. Çok yararını göreceksiniz. Burada içinde bulunduğunuz durum, düşüncelerinizi değiştirecektir.

Düşüncelerimiz ve vücudumuz birbirini etkilediği için vücudumuzu kontrol etmeli ve bilinçli olarak kullanmalıyız.

Peki bu nasıl oluyor? Nasıl oluyor da vücudumuzun durumu düşüncelerimizi ya da düşüncelerimiz vücudumuzun durumunu nasıl etkiliyor? Bu sorunun cevabı; beynimiz ve fizyolojimizin, aynı sistemin parçaları olmasıdır.

Bildiğiniz gibi beş duyumuz ile dünyayı algılıyoruz. En önemli kararlarımızın çoğunluğunu da görme, işitme ve dokunma duyularımızı kullanarak veriyoruz.

Bu duyu organlarımız, dışarıdan gelen etkileri beynimize iletirler. Beynimiz gelen iletileri alır ve süzgeçten geçirerek düşüncelerimiz haline dönüştürür. Beynimiz geçmiş deneyimleri de dikkate alarak ihtiyaç duyacağı bilgileri alır, depolar ve diğerlerini kayıttan siler.

Bunun için, düşüncelerimiz kesin gerçekliği yansıtmaz. Eğer bütün sesleri olduğu gibi duysaydık aklımızı kaçırmamız işten bile değildi. (Bütün sesleri duyamama nedenimiz kulağımızın yapısından da kaynaklanmaktadır.) Ancak kulağımızın süzdüğü sesleri, beynimiz de süzgeçten geçirir. Beynin süzgeçten geçirme süreci, kişilere göre çok farklılıklar ortaya çıkarır. Beyin üzerinde çalışmaları ile tanınan ve kendi adı ile tanınan bir zihinsel tercih belirleme aracı sunan Ned Herrman, "The Whole Brain Business Book" adlı kitabında, bir trafik kazasını anlatan dört muhabirin olayı anlatmalarını örnek olarak vermektedir. Beynin fizyolojik olarak iki yarım küreden oluşmasına rağmen, düşünsel anlamda dörde ayrıldığını anlatan Ned Herrman, geliştirdiği Bütünsel Beyin Modeli'nde, beynin dört ayrı çeyreğinin baskınlığına göre, algılamanın farklı olduğunu anlatmaktadır.

Bütünsel Beyin Modelinde, beyin dört çeyreğe bölünür ve dört kişilik vardır:

1. Mantıksal kişilik (A çeyreği)
2. Muhafazakar kişilik (B çeyreği)
3. Duygusal kişilik (C çeyreği)
4. Deneysel kişilik (D çeyreği)

(Bu konuda Kişisel Kariyer Planlaması adlı kitabımızda da ayrıntılı bilgiler vermiştik.)

4 KİŞİLİK MODELİ

A
Mantıksal Kişilik

D
Deneysel Kişilik

Analiz eder	Sonuç çıkarır
Ölçer	Hayal edebilir
Mantıklıdır	Tahminde bulunur
Eleştiricidir	Risk alır
Gerçekçidir	Acelecidir
Sayıları sever	Kuralları çiğner
Parasal konuları bilir	Sürprizleri sever
Aletlerin çalışmasını bilir	Meraklıdır, serbestliği sever

Önleyici tedbirleri alır	Başkalarına karşı duyarlıdır
Prosedürleri oluşturur	Öğretmeyi sever
Olayları anlar	Çok dokunur
Güvenilirdir	Destekleyicidir
Organizedir	Anlamlıdır
Düzenlidir	Duygusaldır
Zamanı yönetir	Çok konuşur
Planlıdır	Hisseder

B
Muhafazakar
Kişilik

C
Duygusal Kişilik

Ned Herrmann'ın "4 Kişilik Modeli"

Ned Herrman'ın geliştirdiği bu dört kişiliğe göre, aynı kazanın anlatımında dört muhabirin anlatımındaki farklılıklara dikkat edin.

ÜST SOL	ÜST SAĞ
Gerçekler	**Gelecek**
"Bir kez daha... Adli tıp, kan grubunun inkar edilemez gerçeğini, parmak izlerini ve kırıkların spektrografik analizini kullanarak şüpheye yer bırakmayan kanıtlar sunuyor."	"Kaza, içkili kullanımı ile hatalı, araba tasarımının öldürücü kombinasyonunu gösteriyor. Bu iki konu ulusal konulardır ve gelecek kuşakların korunmasının sağlanması isteniyorsa acilen Kongre'nin dikkatini çekmeyi hakediyor."

Dört Muhabirin Aynı Kazayı Görüş Örnekleri

"Öğleden sonra 3:30,9 Nisan Perşembe, Kolombo'nun 15 mil kuzeyinde 9. yolda, 1978 model siyah Plmouth, 4 kapılı sedan otomobil, 35 mil hız sınırı olan okul bölgesinde 75 mille gidiyor..."	"Ağlayan, çığlık atan kızgınlıkla saldırıyor, polis memurları kızgın kalabalığı okul otobüsü ile yaralı kurbanların bulunduğu dehşete düşüren bölgeden uzaklaştırıyorlar."
Şekil	**Duygular**

ALT SOL	ALT SAĞ

Ned Herrmann'ın "4 Kişilik Modeline" göre, muhabirlerin bir trafik kazasını anlatımı

Araştırmaların da gösterdiği gibi gerçek, gördüğümüz değil, algıladığımızdır. NLP'de "Harita bölgenin kendisi değildir." sözleriyle açıklanmak istenen budur.

Özetle düşünce ve davranış süreci aşağıdaki gibi işler. Birinci ve ikinci adımlar, sürecin başlangıç (girdilerin alındığı) aşamalarıdır. Üçüncü adım ise girdilerin sonuçlarının görüldüğü, davranışların ortaya çıktığı aşamadır.

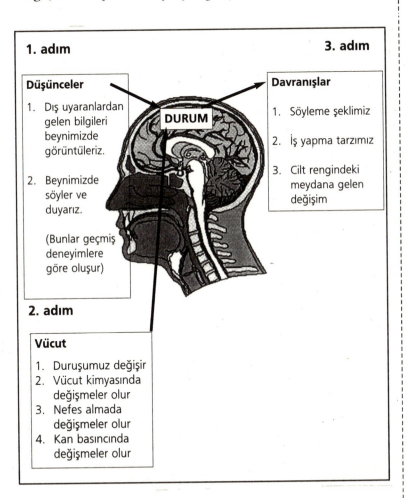

1. adım

3. adım

Düşünceler

1. Dış uyaranlardan gelen bilgileri beynimizde görüntüleriz.

2. Beynimizde söyler ve duyarız.

(Bunlar geçmiş deneyimlere göre oluşur)

DURUM

Davranışlar

1. Söyleme şeklimiz

2. İş yapma tarzımız

3. Cilt rengindeki meydana gelen değişim

2. adım

Vücut

1. Duruşumuz değişir
2. Vücut kimyasında değişmeler olur
3. Nefes almada değişmeler olur
4. Kan basıncında değişmeler olur

Düşünce ve davranışın oluşumu

2.

NLP'nin Temel Yapı Taşları

Durumu Kavrama

Görene kadar anlamadım.

Anonim

NLP, kişisel ve profesyonel gelişimi ve kişisel yaratıcılığı ortaya çıkaran düşünceler dizisidir. Beynimizin çalışmasını temel alarak ve beynimizi kullanmayı öğreterek olaylara, durumlara karşı koymamız konusunda belirli bakış açısı vermektedir. NLP'nin temel yapıtaşları "durumu kavrama" üzerine konulmuştur. Bu yapıtaşları şunları anlatır:

○ Sizin gerçeğiniz, gerçek durumu yansıtmaz.

○ Olumsuz olarak algıladığınız davranışlar da bile olumlu bir niyet vardır.

○ Seçeneklerin fazlalığı, çözümü kolaylaştırır.

○ İletişimde önemli olan, söylemek istediğiniz değil, karşı tarafın algıladığıdır.

○ Sizin başarısızlık diye yorumladığınız şey, sadece bir sonuçtur.

Sizin gerçeğiniz, gerçek durumu yansıtmaz.

Çevremizde olan biteni beş duyumuzla algılayıp yorumluyoruz. Gördüklerimize, duyduklarımıza ve hissettiklerimize inanıyoruz. Çevremizde olan biteni algılayıp yorumlamamız ve bu yorumun bize özgü olması, kişisel zihin haritamızın çerçevesini oluşturur. Bu kişisel harita bizim gerçekliğimizdir, yani bizim anlayışımızdır ya da bizim bilincimizdir. Ancak herkesin zihin haritası farklıdır. Hiç kimsenin zihin haritası nesnel değildir, bunun için kişilerin zihin haritaları gerçek dünyayı göstermez.

Bunu kabul ettiğiniz anda, farklı açılardan bakmayı öğrenirsiniz. Sizin yaşamış olduğunuz deneyimlerin, dünyayı algılamanıza yetmediğini fark edersiniz. Bu konuyu açmak için bazı görsel örnekler vermek yararlı olacak.

Yukarıdaki resimde neler görüyorsunuz? Biri genç diğeri yaşlı olan hanımları farkettiniz mi?

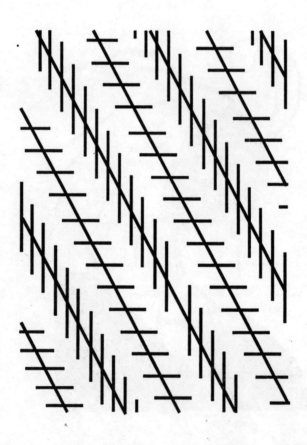

Sizce çizgiler paralel olabilir mi?

Resim mi? Yazı mı?

Müzisyen mi? Hoş bir hanım mı?

Sadece iki kadeh mi?

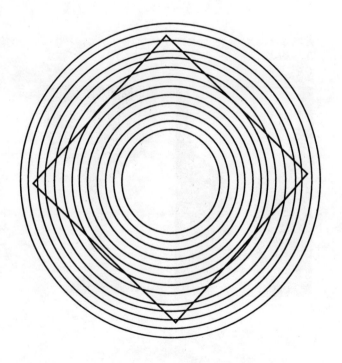

Karenin kenarları çemberlerin içine doğru eğimli değil mi? Belki de değildir. İnanmıyorsanız bir cetveli çizgilerin üzerine koyarak kontrol edebilirsiniz.

Eğer yukarıdaki resimlerde farklı görüntüleri görememişseniz, kendi haritanıza çok bağlısınız ve farklı açılardan görme yeteneğiniz gelişmemiştir.

Bu gibi görsel alıştırmalarla pek çok yerde karşılaşabilirsiniz. Dünyayı ve çevremizi algılamaya devam ettiğimiz sürece, haritalama ve çerçeveleme süreçleri devam eder. Birinci bölümde "Beynin Çalışması" başlığı altında anlattığımız gibi beynin elektro kimyasal bir çalışma sistemi vardır ve kişisel haritamız beynimizin sinirsel ağının çalışmaları ile oluşur. İnsanların kişisel haritaları hayatları boyunca yaşadıkları deneyimler sonucu oluşur. Bu süreçte, bilinçli veya bilinçsizce zihinsel filtrelerimize pek çok şeyi ekleyebilir veya çıkarabiliriz. Yani zihnimizi gerçekten değiştirebiliriz. NLP bize bu değişiklikleri bilinçli olarak yapma ve istediğimiz sonuçlara ulaşma şansı verir.

Peki sizin gerçeğiniz, yani haritanız nedir? Bizler dünyayı, olayları, nesneleri kendi algılama filtrelerimizi kullanarak görüyoruz. Hiçbir şeyi gerçekte olduğu gibi görmüyoruz. Bizim gerçekliğimiz (haritamız) bizim subjektif ve sınırlı algılarımızdır, gerçek dünyayı göstermez. Bir önceki bölümde, dört ayrı muhabirin aynı olayı aktarma şekli buna güzel bir örnektir.

Bu görüş bazı kişilere şaşırtıcı gelebilir. Başka insanların deneyimlerini keşfettiğinizde ve farklı yorumlama yeteneğinizi geliştirdiğinizde, öğrenme becerilerinizi geliştirebilirsiniz. Bu bilinci kazandıktan sonra, görüşlerinizi ve düşüncelerinizi aktiviteye dönüştürdüğünüzde bütün hayatınızı değiştirebilirsiniz.

Bizim atasözlerimizde çok doğru saptamalar yanında, yanlış saptamalar da vardır. Bunlardan birisi şu sözdür: "Bir insan yedisinde ne ise yetmişinde de odur." Alışkanlıkların değişmeyeceğini anlatmak için söylenmiş olan bu söz, algılarımızın değişmeyeceğini iddia ettiği için yanlış bir yönlendirme yapmaktadır. Gerçek şudur: Değişmeyi hedeflediğinizde kesinlikle değişirsiniz.

Bu konuyu daha da pekiştirmek için şu gözlemleri yapmanızda yarar vardır:

🦋 Nuh deyip peygamber demeyen insanları gözleyin.

🦋 Hiçbir şeyden mutlu olmuyor dediğiniz karamsar insanları gözleyin.

🦋 Hiçbir şey moralini bozamıyor dediğiniz arkadaşlarınızın davranışlarını izleyin.

🦋 Gazete ve televizyonlarda aynı kazanın anlatım farklılıklarına dikkat edin.

🦋 Televizyonlardaki tartışma programlarında aynı konu hakkında farklı düşünen kişileri izleyin. Hatta aynı konu hakkında aile üyelerinin düşünce farklılıklarını inceleyin.

🦋 Arkadaşınızla, eşinizle, iş yerinde yöneticinizle aynı konu hakkındaki tartışmalarınızı inceleyin.

Bütün bu gözlemler,kendi gerçekliğiniz dışındaki gerçeklikleri görmenizi, farklı açılardan bakmanızı, deneyimlerinizi zenginleştirmenizi sağlayacaktır.

> **Olumsuz olarak algıladığınız davranışlarda bile olumlu bir niyet vardır.**

İlk duyduğunuzda büyük ihtimalle tepki vereceğiniz bir yapıtaşıdır bu. Öyle ya sizin aleyhinize bir davranışta bulunan birisinin niyeti nasıl olumlu olabilir? NLP'nin çok önemli ama yanlış anlaşılan ya da anlaşılamayan bir ilkesidir "olumlu bir niyet".

Olumlu düşünce konusunu, NLP'nin en önemli şahsiyetlerinden birisi olan Robert Dilts'in 1995 yılında yazdığı ve Kişisel Gelişim ve Değişim Dergisi'nin birinci sayısında yayınlanan "Olumlu Düşünce İlkesi" adlı makalesi ile açıklayalım:

"Değişimi yönetmeye bağlı en önemli ve yararlı ilkelerin birisi 'olumlu niyet' kavramıdır. Bu ilke, özellikle direnç ve itirazlarla karşılaşıldığında çok önemlidir. İlke şunu savunmaktadır: Bütün davranışların bir amacı vardır veya her davranış temelde yatan bazı 'olumlu niyetler' ile gelişmiştir. Bu ilkeye göre, direnç ve itirazlar aslında olumlu iyi niyetten kaynaklanmaktadır. Bir kişi bir şey hakkında 'Değişmesi mümkün değil' derken gösterdiği direncin altında 'yersiz umutları' önlemek gibi bir iyi niyet olabilir.

Olumlu niyet ilkesi, bir direnci ya da inanç sınırlılığını etkili biçimde değiştirmek için altında yatan olumlu amaçları anlamak ve tanımlamak gerektiğini vurgular. Bir değişim direnci ya da sınırlı inancın altında yatan olumlu amaçları anlamak ve tanımlamak gerektiğini vurgular. Bir değişim direnci ya da sınırlı inancın ardında yatan olumlu niyet, direkt olarak tanımlanabilir ya da kişinin haritası genişletilerek niyetine ulaşabileceği daha etkili bir seçeneği görmesi sağlanabilir.

Aslında olumlu niyetten kaynaklanan direnç, genellikle sınırlı varsayımlar yüzünden olur. Örneğin; kişinin 'başarı'dan korkması, kişinin kendini başarılı olmanın getireceği sosyal darbeye hazır ya da yeterli hissetmemesinden kaynaklanabilir. Bu endişe, gerekli kaynakları geliştirmek yönünde doğru yönlendirme ve rehberlikle tanımlanabilir. Bunu tanımlamanın diğer bir yolu da, kişinin gerekli yeteneklere sahip olduğunu ve destekleneceğini kendisinin anlamasını sağlayabilmektir.

Belli bir direnç ya da sınırlı inancın arkasında yatan olumlu niyet veya amacın direkt olarak tanımlanması gereken durumlar da olacaktır.

Olumlu niyet ilkesi, insanların kendi dünya modelleri içinde sunulan seçeneklerin en iyisini seçtikleri yönünde derin bir anlayışa sahip olma fikrinden yola çıkmaktadır.

NLP yöntemleri, 'yeniden çerçeveleme' gibi insanların herhangi bir durumda diğer seçenekleri görebilecekleri şekilde haritalarını genişletmelerini hedef almaktadır.

Bu yüzden bir direnç ya da itirazla karşılaştığınızda, ardında yatan olumlu niyeti anlamak ve daha geniş bir düşünce açısından göstermeye çalışmak yararlıdır. Kişinin kimliğini ve olumlu niyetini davranıştan ayırmak çok önemlidir. Çatışmalarla başa çıkarken, etkili bir strateji, önce kişiyi veya olumlu niyetini anlamak ve soruna ya da duruma ayrı bir konu olarak yaklaşmaktır.

Karşınızdaki kişi ile aynı görüşte olmadan onun bakış açısını anlayabileceğinizi bilmek çok önemlidir. 'Bu açıdan baktığını anlıyorum.' demekle, 'Seninle aynı görüşteyim', demek farklı şeylerdir. 'Endişeni takdir ediyorum.' veya 'Bu önemli bir sorun.' kişiyi ya da niyetini, onun haritasını doğru kabul etmeden tanımlamanın etkili bir yoludur.

Özet olarak; olumlu niyet ilkesine göre, değişim direnci ile karşılaşıldığında şunlar yararlı ve önemlidir:

1. Bütün davranışların (direnç ve sınırlı inanç da dahil) olumlu niyetten kaynaklandığını farzetmek

2. Davranışın olumsuz yanlarını, arkasında yatan olumlu niyetten ayrı tutmak

3. Direnç gösteren / sorunlu kişinin olumlu niyetini tanımlamak ve cevaplamak

4. Kişiye, aynı niyetine ulaşabileceği diğer seçenekleri önermek

6 Adımda Yeniden Çerçeveleme:

1. **Sorunlu davranışı tanımlayın.** Değişitirmek istediğiniz davranış veya semptom nedir?

2. **Davranıştan sorumlu parçanızla iletişim kurun.** İçinize yönelin ve bu davranışı yaratan parçanıza sorun: 'Benimle iletişim kurmak istiyorsan, bana bir işaret ver.' İçsel parçanızdan gelecek kelime, imaj ve duygulara dikkat edin.

2.1. Açık bir işaret almazsanız, parçanızdan işareti belirginleştirmesini isteyin. Şöyle sorarak semptomun kendisini de kullanabilirsiniz. 'Cevabın evet ise lütfen semptomu yoğunlaştır'.

2.2. Parça iletişim kurmak istemiyorsa, şöyle sorun: 'Benimle iletişim kurmak istemeyeşinin olumlu nedeni nedir?' (Parçanızla iletişim kurmakta zorlanmaya devam ediyorsanız, farklı bir değişim yöntemi kullanmayı deneyebilirsiniz.)

3. **Parçanın olumlu niyetini, sorunlu davranıştan ayrı tutun.** İçinize yönelin ve sizinle iletişim kurduğu için parçanıza teşekkür edip sorun: 'Bu davranışla benim için yapmaya ya da anlatmaya çalıştığın olumlu şey nedir?'

3.1. İçsel parçanız olumsuz görünüyorsa, sormaya devam edin: 'Bunun benim için yapacağı olumlu şey nedir? Olumlu amacı nedir?'

4. **Kısmen olumlu niyetine hizmet edebilecek ama semptomun ya da sorunlu davranışın olumsuz sonucunu doğurmayacak başka üç seçenek bulun.** Yaratıcı parçanıza gidin ve sorunlu davranışın olumlu niyetine hizmet edebilecek en az üç farklı seçenek bulmasını isteyin.

5. **Semptomu ya da sorunlu davranışı yaratan parçanızın, yeni seçeneklerde sizinle aynı düşüncede olma-**

sını sağlayın. İçinize yönelin ve sorunlu davranıştan sorumlu parçanıza sorun: 'Alternatif çözümleri kabul ediyorsan işaret ver.'

5.1. Yeni seçeneklerin hiçbiri kabul edilmiyorsa ya da işaret yoksa dördüncü adıma dönüp seçenekleri değiştirin ya da yenilerini ilave edin.

6. **Ekoloji kontrolü.** Yeni seçeneklere karşı çıkan başka kısımlar olup olmadığını bulun. İçinize yönelin ve şöyle sorun: 'Bu yeni seçeneklere karşı çıkan başka bir parça var mı?'

6.1. Cevap 'evet' ise ikinci adıma dönün ve bu defa aynı adımları o parça ile tekrarlayın.

Olumlu niyet ilkesini daha iyi açıklamak ve bu ilke ile ilgili bazı sorulara cevap vermek için yine Robert Dilts'in 1996 yılında yazdığı bir makaleye bakalım. Bu makalede şu soruların cevabını bulabiliriz:

⟳ Saldırgan davranışta olumlu niyet olabilir mi?

⟳ Bu ilke bilimsel bir temele oturuyor mu?

⟳ Her davranışın arkasında olumlu bir niyet varsa, neden bu kadar çok kötü şeyler oluyor?

⟳ Ne kadar düşünürsem düşüneyim bazı davranışlarda olumlu niyet göremiyorum.

⟳ Siz kötülük diye bir şeyin olmadığını mı söylüyorsunuz?

Olumlu Niyet

Karanlığa ışık getirmek: Olumlu niyet ilkesi

NLP'nin en önemli ama genellikle yanlış anlaşılan ilkelerinden biri "olumlu niyet" ilkesidir. Bu ilke en basit haliyle her davranışın olumlu bir niyete dayandığını söylemektedir.

Diğer bir deyişle, bütün davranışlar "olumlu bir amaca" hizmet ederler. Örneğin; saldırgan davranışın ardındaki niyet korunmadır. Korkunun ardındaki olumlu niyet ya da amaç genellikle güvenlik duygusudur. Öfkenin ardındaki olumlu amaç, sınırları korumak olabilir. Nefret, bir insanı harekete geçiren motivasyon kaynağı olabilir. Değişime direnç gibi bir tutumun ardındaki olumlu niyet, bir dizi konuyu içine alabilir; alışılmış koşullarda kalarak kendini korumak ve geçmişteki olumlu şeylere tutunma çabası vb.

Fiziksel semptomlar bile olumlu bir amaca hizmet edebilir. NLP, fiziksel olanlar da dahil olmak üzere, semptomlara bir şeyin yolunda gitmediği yönünde bir iletişim yolu olarak bakar. Fiziksel semptomlar, genellikle insanlara bir denge bozukluğunu göstermektedir. Hatta bazen, bu semptomlar iyileşme belirtisi bile olabilir. Bazen bir sorunlu davranış ya da fiziksel semptom, birden fazla olumlu niyete hizmet edebilir. Örneğin, bunun birçok olumlu amaca hizmet ettiğini keşfederek sigarayı bırakmak isteyen insanlarla çalıştım. Sabahları uyanmak için sigara içiyorlardı. Gün içinde stresi azaltmak, konsantre olmak ve ilginç bir şekilde nefes almayı hatırlamak için içiyorlardı. Genellikle sigara içmek, olumsuz duyguları saklamak ya da bulutlandırmak amacıyla oluyordu. Belki, daha da önemlisi, hayatlarına bir parça keyif getirmek için kendilerine verdikleri bir hizmetti.

NLP'nin bir başka temel ilkesi, olumlu niyete bağlı olarak "kişinin davranışlarını kendisinden ayrı tutmak"tır. Bu, davranışı ortaya çıkaran olumlu niyet, fonksiyon ya da inanç gibi şeyleri, davranışın kendisinden ayrı tutmak demektir. Diğer bir deyişle, yüzeydeki sorunlu bir davranışa tepki vermektense 'derindeki yapıya' cevap vermek daha saygılı, ekolojik ve verimli bir yoldur. Bu ilkeyi, olumlu niyet ilkesiyle birleştirmek, önceki davranışın olumlu amacı için daha tatmin edici bir şekilde yeni seçenekler sunmaktadır. Sorunlu bir semptomun olumlu amacı ve niyeti tatmin edilmediğinde, o zaman 'normal' ya da 'istekli' hareketler aynı derecede sorunlu ve patolojik sonuçlar üretebilmektedir. Örneğin, kendisini korumak için başka bir yolu olmadığından saldırgan davranan biri, aslında bir sorun dizisini, diğeriyle değiştirmektedir. Eskisinin yerini tutacak yeni alternatifler bulmadan sigarayı bırakmak, kişiyi bir kabusun içine sürükleyebilir.

Bir başka NLP ilkesine olan, "önce ayak uydur sonra yönü belirle" görüşüne göre, etkili değişimi gerçekleştirmek için önce yüzeydeki davranışın altında yatan olumlu niyeti tanıyarak 'ayak uydurmak' gerekir. 'Yön belirlemek' ise, kişinin olumlu amacına ulaşmasını sağlamak için daha verimli seçenekler görebileceği şekilde haritasını genişletmesini sağlamak demektir. Bu seçenekler, kişinin olumlu niyet veya amaçtan farklı anlamlar çıkarmasını sağlar. Bu, NLP'nin yeniden çerçevelendirme, yeniden anlamlandırma tekniklerinin başarmaya çalıştığı şeydir.

İnsanlar neden olumlu niyet ilkesini hedefliyor?

Bir yandan olumlu niyet ilkesi ve yukarıda açıklanan değişime yaklaşım oldukça doğal ve etkili görünebilir. Yine de 'olumlu niyet' kavramı, NLP ile ilgilenen kişiler tarafından bile çok fazla eleştiri ve alaya konu olmaktadır. Hatta bu eleştiriler, yaklaşımın uygulanamayacak kadar felsefi ve teorik olduğundan, düpedüz tehlikeli olduğuna kadar yayılmaktadır. Bu makalenin amaçlarından biri, bu tür bazı endişeleri tanımlamaktır.

'Olumlu niyet' kavramı, bilimsel olmaktan çok felsefidir, kanıtlanamaz.

Aslında olumlu niyet ilkesi dinden ya da romantik bir idealizmden ortaya çıkmamıştır; daha çok sistemler teorisinin bilimsel disiplini buna temel oluşturmuştur. Olumlu niyet ilkesinin asıl savunduğu, sistemlerin (özellikle self-organizasyon ya da sibernetik sistemler) adaptasyona yönlendirmesidir. Bunda, sistemdeki bazı elemanları dengelemek ya da sistemi dengede tutmak amacı yatmaktadır. Böylece bütün eylemlerin, tepkilerin veya davranışların nihai sonucu, sistemde 'uygun' olmaktır.

Belirli bir davranışın ardında olumlu bir niyetin olduğunu kanıtlamanız mümkün değildir, doğru; zaten 'farzetmek' kelimesi de bu yüzden kullanılmaktadır. Farzedilen bir şeydir bu, kanıtlanan değil. Benzer şekilde, kişi bir haritanın 'bölge' olduğunu ve 'Dünyada doğru harita yoktur.' kuramını da kanıtlayamaz. Bunlar NLP'nin temel 'epistomoloji'sinin parçalarıdır; modelin geri kalanının dayandığı temel inançlardır.

NLP ilkeleri ve varsayımları, Euclid geometrisinin temel kavramları gibidir. Euclid, geometrisini 'nokta' kavramı üzerine geliştirmiştir. Bir nokta 'pozisyonundan başka birşeyi olmayan bir varlık' olarak tanımlanır; ölçüsü, boyutu, rengi, şekli yoktur. Ama bir noktanın gerçekte ölçüsü, boyutu, rengi vs. olmadığını kanıtlamak da mümkün değildir. Yine de birkaçıyla birlikte varsayımı kabul ederseniz, bütün bir geometri sistemi oluşturabilirsiniz. O zaman sistemin sonuçları, kanıtlar değil ama temeller bağlamında gösterilebilir. Birinin bir geometri sistemi oluşturmak için Euclid'in nokta varsayımını kabul etmesi gerekmediğini anlamak önemlidir. Farklı varsayımlara dayanan başka geometriler de vardır. (Örneğin MIT matematikçisi Seymour Pappert, 1980'de çocukların nokta yerine kaplumbağaları kullandıkları bir 'kaplumbağa geometrisi' geliştirdi; kaplumbağa, yönü ve pozisyonu olan bir varlık oluyordu.)

Bu yüzden 'olumlu niyet' ilkesini kabullenmek, tamamen bir inanç işidir ve birçok yönden, olumlu niyet kavramı NLP'nin 'ruhsal' boyutuna temel olabilir. Her davranışın ardında olumlu niyet olduğunu kabul edersek, kanıt bekleyenlere karşı onları bulur veya yaratırız.

İnsanların olumlu niyetleri varsa, neden bu kadar kötü şeyler yapıyorlar?

Ortak bir deyiş vardır: 'Cehenneme giden yol iyi niyet taşlarıyla döşenmiştir.' İyi niyetin olması, iyi davranışın garantisi değildir. İnsanlar, haritaları sınırlı olduğu için iyi amaçlarla kötü şeyler yapabilir. Kişinin haritası niyetlerini tatmin etmesi için birkaç seçenek sunduğunda sorunlar ortaya çıkar.

Başkalarına NLP öğretmekle bağlantılı olarak olumlu niyet ilkesini düşünmenin önemi de bundan kaynaklanmaktadır. Diğer NLP varsayımlarından ve NLP teknolojisinden ayrı kalırsak, olumlu niyet ilkesi, gerçekten de boş bir idealizm olur. NLP değişim tekniklerinde, düşünce araçlarında, iletişim becerilerinde ustalaşmadan, birinin niyetinin iyi olup olmadığı hiç fark etmez, çünkü dikkatlerini başka bir yöne çekemeyiz. Einstein'ın dediği gibi: 'Bir sorunu, onu yaratan düşünce tarzıyla ele alırsanız, asla çözemezsiniz.' Olumlu niyet ilkesi, güçlü, etkili yaratıcılık ve sorun çözme becerileriyle birleşmelidir.

İnsanların tanımlandıkları ya da farkında oldukları sistemin bütününün belli bir parçası hakkında iyi niyet taşıdıklarını akıldan çıkarmamak da önemlidir. Bu yüzden başka birilerini bilerek ve isteyerek zarar veren biri, diğerini düşünmeden sadece kendisi için bir iyi niyet taşıyor olacaktır. Aslında olumsuz düşünce kavramı, böyle deneyimler yüzünden çıkmış olabilir.

Olumsuz niyet inancı ve olumlu niyete itirazların ardındaki olumlu niyet, kesinlikle korunmadır. Olumlu niyet kavramına karşı çıkan insanlar, ya kırılgan olmaktan ya da öyle görünmekten korkmaktadır. Aynı zamanda, bir şeyleri değiştirmek için kendilerini çaresiz de hissetmektedirler. NLP becerilerini doğru şekilde kullanmadan, insanlar sonunda şöyle hissedebilirler. 'Gerçekten olumlu niyet taşısalardı, şimdiye kadar çoktan değişirlerdi.' Olumlu niyet taşıyan insanların her zaman sistemdeki diğerlerinin de en yüksek çıkarlarını akılda tutmadıklarını düşünmek önemlidir. Başkalarının olumlu niyet taşıması, onların otomatik olarak bilge davranacakları anlamına gelmez; bunlar, zekalarının, becerilerinin ve haritalarının sonucudur. Adolph Hitler'in çok olumlu bir amacı vardı; ama sistemin dahil olduğu parçası için.

Birini soyan hatta öldüren kişinin, kendisi için olumlu bir niyeti vardır ama, karşısındakini düşünmemektedir. Amerika kıtasına giden öncülerin, oradaki yerlileri ve ailelerini, kendi ailelerini korumak için öldürmelerinde kendileri adına olumlu bir niyet vardı ama seçenekleri sınırlıydı. İki taraf da iletişim konusunda yeterince becerikli değildi ve birbirlerinin kültürlerindeki farklılığı anlayamıyorlardı.

Bir davranışın olumlu niyetten kaynaklandığını kabul etmek, o davranışı haklı çıkarmaz mı?

Bir eylemin ya da semptomun ardında bir olumlu niyet bulunması, o davranış ya da oluşun kabul edilir olduğu anlamına gelmez. Daha çok olumlu niyet ilkesi bir davranış, semptom ya da direnci değiştirmek için neyin gerekli olduğunu görebilmeyi sağlar. Olumlu niyet kavramı, ahlâk ve adaletten çok, değişim, iyileşme ve ekoloji ile ilgilidir. Geçmişten çok gelecekle ilgilidir. Olumlu niyet ilkesi, kişinin zayıflamış dünya modeline yeni seçenekler katmayı amaçlar. Bu yeni seçenekler, kişinin olumlu niyet ve amaçlarını tatmin edecek doğrultuda olmalıdır. Davranış ya da semptomun olumsuz veya patolojik sonuçlarının değil.

Ama bazı davranışlarda olumlu niyet göremiyorum.

Olumlu niyetler, daima bilinçli ya da açık olmak zorunda değildir. Olumlu niyet bağlamında düşünmeye alışkın olmadığımız için, hemen algılamak bazen zordur ve bu yüzden, bir davranış ya da semptom için farklı bir açıklama yapmayı daha kolay buluruz. Ama kişi onları bulmaya kararlıysa ve yeterince derine bakarsa, zaten oradadırlar.

Bazen, niyet ya da 'derin yapı', yüzeydeki davranıştan çok uzaktadır. Böyle durumlarda, niyet ve davranış arasındaki ilişki biraz kısır döngü gibi görünebilir. Örneğin; olumlu niyetleri 'huzura ulaşmak' olan intihar girişiminde bulunmuş insanlarla çalıştım. Bazen anne babalar, 'çocuklarına onları sevdiklerini göstermek' için fiziksel olarak cezalandırır veya hatta taciz ederler. Olumlu niyet ile sonuçtaki davranış arasındaki ilişkide görünen gizem, geçmişteki olaylarda ve ilişkiyi biçimlendiren dünya modelinde yatmaktadır.

Olumlu niyet prensibini diğer NLP varsayımlarıyla birleştirmenin sonuçlarından biri olarak, davranışın ne kadar 'kötücül', 'delice' veya 'garip'olmasına bağlı olmaksızın, seçenekleri o kişinin dünya modeline dayanmaktadır. Bu yüzden, onu oluşturan etkenler bağlamında düşünülmelidir. Yine de, çoğu zaman olan şey, davranışı ortaya çıkaran olumlu niyetin, davranışla tatmin olmamasıdır. Örnek olarak, 'intikam' olgusunun ardında yatan olumlu niyet, onları düzeltmek için 'işleri yoluna koymak'tır. Ama bunun yerine bitmeyen bir düşmanlık yaratır. Durumu gerçekten düzeltmenin yolu, sorunu yaratan düşünce tarzından farklı bir yol bularak halkayı koparmaktır.

Burada unutulmaması gereken şey, sorunu yaratan durum ortadan kalksa bile, ardında yatan olumlu niyet ya da amacın hâlâ tanınması ve bilinmesi önemlidir.

Geçmişte hiçbir olumlu amaç bulamıyorsam?

Bazı durumlarda, bir semptom ya da davranışın olumlu fonksiyonu, önceki şartların değil, daha sonraki ikincil kazançların sonucudur. Örneğin; kişi fiziksel bir rahatsızlığa niyetlenmiş olamaz ama sorumluluklarından başını kaldıramadığı ve dikkatini tamamen bunlara yoğunlaştırdığı için hastalanabilir. Bu dikkat ve yoğunluk, bir hastalığa dönüşmüştür; kişinin hayatında dengelenmesi gereken noktaları işaret etmektedir. Eğer yeterince başa çıkamıyorsa, kişi daha da kötüye gidebilir.

Ama insanların her zaman kabul etmedikleri alternatifleri mükemmel bir biçimde fark etmelerini nasıl sağlayabilirim?

Şu noktada 'alternatifler' ve 'seçenekler' arasında ince bir çizgi bulunduğunu unutmamak çok önemlidir. 'Alternatifler', kişinin dışındaki şeylerdir. 'Seçenekler' ise, haritasının bir parçası haline gelen alternatiflerdir. Kişiye birçok alternatif veya opsiyon verilebilir ama hiçbiri gerçek anlamda seçenek olmayabilir. Seçenekler, en uygun opsiyonu seçebilecek şekilde yeterliğe ve bağlamsal verilere sahip olmak demektir.

NLP'de, aynı zamanda kişinin verdiği sorunlu tepki ya da semptomun dışında birden fazla alternatifi olduğu düşünülür. NLP'de şöyle bir deyiş vardır: 'Bir seçenek, seçenek değildir. İki seçenek, bir ikilemdir. Kişinin seçebileceği üç olasılığı olana kadar bunlar seçenek değildir.'

Kişi başka seçenekleri olduğunu kabul ettiği halde aynı şeyi yapmaya devam ederse ne olur?

İyi niyet prensibiyle ilgili genellikle kafa karıştıran nokta, kişinin 'daha iyi düşünmesi gerektiği' şeklinde algılanmasıdır. Niyetlerini tatmin etmek için diğer alternatifleri düşünebilecek kadar zeki ve olgun olmaları gerekirdi. İnsanlar, davranışlarının niyetlerine hizmet etmediğini anlayana kadar ne kadar söylerseniz söyleyin devam ederler.

Geçmişteki deneyimler, genellikle bir durum için hafızayı harekete geçirir. Belli şartlar altında, olaylar kişiyi 'bilincin çatlaması'na bile götürebilir. Bu durumda, kişinin düşünce kalıbı, diğerlerinden ayrılır. Bu bilinç bölünmesi, (Freud buna 'ikincil bilinç' derdi) 'çok keskin ve bilincin geri kalanından bağımsız' fikirler üretebilir.

NLP'nin bakış açısında, insanların daima farklı bilinç seviyeleri arasında gidip geldikleri kabul edilir.

Bilinç sisteminin ulaşabileceği muazzam sayıda bilinç düzeyi vardır. Aslında, NLP'ye göre, "kısımlar"ın (parts) varlığı yararlı ve gereklidir. Örneğin; yüksek performans gerektiren durumlarda, insanlar kendilerini zihinsel ve fiziksel olarak 'normal bilinç düzeylerinden' farklı düzeylere getirirler. Belli işler, kişilerin bedenlerini ve sinir sistemlerini özel şekillerde kullanmalarını gerektirir. Örneğin spor performansları, laboratuvar ya da doğum çalışmaları, ameliyat gibi yüksek konsantrasyon gerektiren durumlar, özel düzeyleri beraberinde getirir. Bu düzeylerde, fikirler, düşünceler ve yargılar diğer durumlarda veya düzeylerde olduğundan daha fazla 'kendi içinde bağlantılı' olabilir. Bu tür bir ayırım, bizi deneyimlerimizin ağırlığı altında ezilmekten korur.

Belli bir 'kısmın' etki derecesi, hangi 'seviyede' biçimlendiğine bağlıdır. Bazı kısımlar yetenek seviyesindedir; 'yaratıcılık' kısmı, 'mantık' kısmı veya 'inisiyatif' kısmı gibi diğer kısımlar, daha çok inanç ve değerler seviyesindedir; 'başarıdan önce sağlık değerlidir' kısmı, 'aile kariyerden daha önemlidir' inancı kısmı gibi. Diğerleri ise kimlik seviyesinde olabilir; 'çocuk' kısmına karşı gelen 'yetişkin' kısmı gibi.

(NLP'de 6'lı bir dünya modeli vardır. En altta çevre boyutu vardır. Bu bizim tepkisel davrandığımız boyuttur. Bunun üzerinde davranış boyutu vardır ve bilinçli akıl burada devreye girer. Daha sonra 3. boyut olan yetenek boyutuna, yine bilinçaltı seviyeye geçilir. Kişi bu boyutta çok karmaşık şeyleri hiç düşünmeden yapabilmektedir. (Araba kullanmak gibi). Daha üst boyutta 'değerler ve inançlar' vardır. Kişi 'niçin' sorusunu burada sorar ve olayları anlamlandırır. 5.boyut kimlik boyutudur. Burada kişinin kendisine ait değer ve inançları söz konusudur. 'Ben iyi bir babayım/anneyim vb' gibi. En üst boyut ise ruhsal boyuttur. Kişinin evrenle-Tanrıyla ilişkilerini sorguladığı boyuttur. -Makalenin sonundaki şekil-)

Farklı 'kısımların', kişinin diğer kısımlarına ve normal bilinç seviyesine bağlı olmayan farklı niyetleri, amaçları ve yetenekleri bulanabilir. Bu yüzden, bir kısmı bir şeyi anlarken, diğer kısmı anlamayabilir.bir kısım, bir şeyin önemli olduğuna inanırken diğer kısım aynı şeyi gereksiz bulabilir. Sonuç olarak, kişinin farklı kısımlarında farklı niyetleri olabilir. Bu niyetler birbirleriyle çatışabilir ya da garip, diğerlerinden ve hatta kişinin kendi bilincinden bağımsız görünen davranışlara neden olabilir.

Diğer bir deyişle, "bu kişinin seçenekleri gören "normal bilincin" davranışları yönlendiren 'bilinçaltının' anladığı veya kabullendiği anlamına gelmez. Bir semptom, ancak kişinin o sorunlu davranışa neden olan kısmı tanımlandığında, davranışın ardındaki olumlu niyet anlaşılıp tanındığında ve olumlu niyete hizmet eden diğer seçenekler kısımla bütünleştiğinde tamamen yeniden anlamlandırılmış olur.

Yani " kötülük" diye bir şeyin olmadığını mı söylüyorsunuz?

"Kötülük" kavramı, tamamen antik bir kavramdır. Şaşırtıcı gelebilir ama her zaman insan bilincinin temel bir kısmı olarak ortaya çıkmaz. Julian Jaynes, 'kötülük;' kavramının

M.Ö 1200'lerdeki antik yazıtlara veya sanat eserlerine (Yunan, Mısır ya da İbrani) kadar görünmediğini vurgulamaktadır. Jaynes'e göre, 'kötülük' fikrinin ortaya çıkması için insanların davranışlarının kendilerini 'özgür irade'ye ulaştırmak için kontrol eden tanrılardan tamamen bağımsızlaşması gereklidir. Bu, farklı kültürlerdeki insanların arasında sürekli bir bağlantıydı ve insanların farklı farklı kültürlerinden doğan içsel düşünce ve iradelerindeki farklılık, 'yalancılık' ve 'kötülük' olarak yorumlanıyordu. Bireysel bilinç ve olumlu ya da olumsuz niyet diye bir şey söz konusu olamazdı. Buna göre, tarihi kötülük programı 'kötülük' kavramı, kendi içsel programlarındaki farklılıklardan kaynaklanıyordu. Yine de, en eski çağlardan beri, 'kötülük' kavramı 'karanlık' ile, 'iyilik' kavramı ise 'ışık' ile bağdaştırılıyordu. Yıkıcı ve zararlı davranışlar, 'karanlık' idi. Sevgi ve iyileştirici davranışlar ise 'ışık'tan geliyordu . Bu benzetme, NLP'nin olumlu niyet kavramına mükemmel uymaktadır. Olumlu niyetler ışık gibidir. Amaçları dünyaya aydınlık ve sıcaklık getirmektedir. Semptomlar ve sorunlu davranışlar ise, karanlıktan çıkmaktadır; ışığın ulaşamadığı yerlerden.

Yine de 'karanlık' kavramının bir 'güç' olmadığını, tamamıyla ışığın yokluğunun söz konusu olduğunu anlamak çok önemlidir. Işık, karanlıkta parlayabilir ama karanlık ışıkta 'parlayamaz'. Bu yüzden, ışık ve karanlık arasındaki bağlantı, farklı güçler arasındaki mücadele değildir. Asıl soru şudur: 'Işığı engelleyen nedir?' ve "Olması gereken yerlere ışığı nasıl ulaştırabiliriz?'

Bir NLP bakış açısından, 'karanlık' kişinin haritasının darlığından kaynaklanmakta, olumlu niyetin 'ışığı' ile birleşerek bir gölge yaratmaktadır. Değişim, kişinin haritasındaki 'açıyı' genişletmekten veya engelleri bularak ışığa çevirmekten gelecektir; gölgeye saldırmaktan değil. NLP'ye göre, ışığa engel oluşturan şeyler inanç sınırlılıklarından veya zihinsel haritamızdaki 'düşünce virüslerinden' kaynaklanmaktadır. Tipik olarak, bu engeller temel NLP varsayımları şeklinde ortaya çıkmaktadır.

Örneğin; aşağıdaki inancı ele alarak nasıl kolaylıkla kavga ve şiddet yaratılabileceğini düşünün: NLP'ye göre herkesin zihninde kendine özgü bir dünya modeli vardır. Bu, o kişinin dünyayı algılama biçiminden oluşan kendi doğrularıdır. Kendini bu doğrulara göre yönetir. NLP'de kişinin zihninde yarattığı dünya modeline harita denir. 'Harita bölgenin kendisi değildir.' önermesi de, kişinin doğrularının subjektif olduğunu göstermede kullanılır. (E.N.) 'Dünyanın sadece tek bir gerçek haritası vardır. Onlarda (seçilen düşmanda) dünyanın yanlış haritası var; bizdeki doğru olanı. Onların niyetleri olumsuz; bize zarar vermek istiyorlar. Değişemiyorlar; biz, elimizden geleni denedik. Sistemimizin bir parçası değiller; bizden tamamen farklılar.'

Bu inançlar bir araya getirildiklerinde, insanlık tarihinde var olan bütün canavarlıkları akla getirmektedir. NLP'nin iyileştirici gücü ve 'ışığı' tamamen farklı bir varsayım yapısından ortaya çıkmaktadır.

Biz, daha büyük bir sistemin parçası olan sistemiz. Bu sistem, temelde sağlık ve uyumu savunmaktadır. Bu yüzden tamamen olumlu niyetlerle yola çıkıyoruz. Yine de haritamız sınırlıdır ve bize bütün seçenekleri sunamaz. Ancak, değişebiliriz ve gerçekten güvenilir bir seçeneğe ulaştığımızda, otomatik olarak onu seçeriz. Asıl hedef; koruma, bilgelik ve başkalarına yardımı sağlayabilmek için diğer seçenekleri ve yetenekleri içerecek şekilde haritamızı genişletmektir.

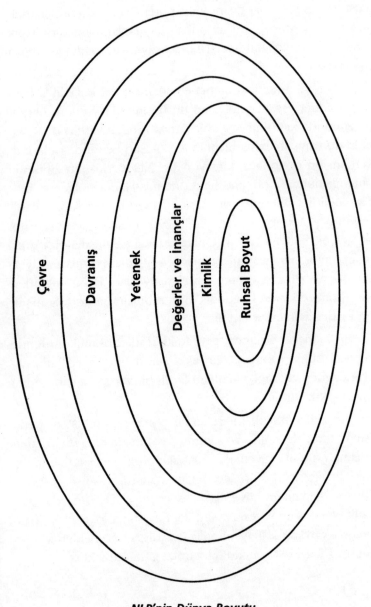

Çevre

Davranış

Yetenek

Değerler ve İnançlar

Kimlik

Ruhsal Boyut

NLP'nin Dünya Boyutu

Bu ilkeyi iletişim sorunlarını ve çözümlerini düşündüğünüzde daha iyi anlayabilirsiniz. İş hayatımda şunu gördüm. Sorunların büyük çoğunluğu iletişimsizlikten doğuyor. Aralarında sorun olan iki kişi biraraya gelmekten çekiniyor. İki kişiyi ayrı ayrı dinlediğinizde çözüme odaklanma daha az olurken, iki kişi biraraya geldiğinde sorunlar büyük oranda çözülüyor. Çünkü her iki taraf da niyetlerinin olumlu olduğunu, ancak diğerinin kendisini anlamadığını veya kendilerini anlatamadıklarını söylüyor. Ancak iki taraf biraraya gelip sorunları karşılıklı görüştüklerinde birbirlerinin gerçek niyetlerini (olumlu ama subjektif) daha iyi anlayıp, sorunu çözebiliyorlar.

Pazarlamacılar ve satışçılar için de aynı durum söz konusudur. Bu meslek grubu çalışanları, her tip müşteriye karşı davranış geliştirme konusunda eğitilirler. Amaçları satış yapmaktır. Müşterinin amacı da kendisi için en yararlı alışverişi yapmaktır. Müşteri değişik davranışlar geliştirebilir. Bu davranışlar çoğumuz için çekilmez davranışlar olabilir. Ancak satışçılar, müşterinin her türlü davranışına karşı, kendi niyetlerini hiç gözardı etmeden her türlü davranışa sabır gösterirler.

Başkaları ne düşünürse düşünsün, biz her zaman, belirli bir amaç uğruna, bizim için olumlu ve yararlı olduğuna inandığımız şeyi hedefleriz. Her davranışımızın temelinde bir niyet vardır. Üzerinde biraz düşünmek, davranışımızın arkasındaki niyeti ortaya çıkarmaya yetecektir. Bu ilkeyi anlayarak, istemediğiniz davranışlarınızdan kurtulabilirsiniz.

Seçeneklerin fazlalığı çözümü kolaylaştırır.

İlerlediğimiz yolda hedefimize ulaşmak için, bir çözüme odaklanmak, kötü bir sürpriz karşısında çaresiz kalmamıza yolaçabilir. Birden fazla çözüm alternatifine sahip olmak, daha geniş bir hareket özgürlüğü ve elde etmek istediğiniz sonuca ulaşmak için daha fazla olasılık ve hedefimizin gerçekleşme yüzdesini artırmak demektir.

Bir seçeneğe sahip olmak, aslında hiç bir seçeneğin olmaması demektir. İki seçeneğe sahip olmak çelişkilere yol açabilir. Üç ve daha fazla seçeneğin olması, amacınıza ulaşmak için seçme ve hareket özgürlüğü getirir.

Acil sorunların çözümünde "Aklınıza ilk gelen çözümü çöpe atın." derler. Çünkü, başımız sıkıştığında, sıkıntıdan kurtulmak için en kolay çözüm gelir aklımıza. Ancak genellikle ilk çözüm, peşinde yeni sorunları getirir. Bunun için, yürürken alternatif yollarımızı bilmek hedefimize daha çabuk, daha kolay ulaşmamıza yardım eder.

Bu yapıtaşının verdiği bir mesaj da "her zaman bir başka çözümün olacağı"nı bilmektir. Çözüme odaklanmış insanlar bu kuralı çok iyi bilirler. Onlar için sonsuz sayıda çözüm vardır. Bu kuralı benimseyip uyguladığınızda çevrenize vereceğiniz mesaj, olumlu düşünen, sorun değil çözüm odaklı bir kişi olduğunuz yönündedir.

> **İletişimde önemli olan, söylemek istediğiniz değil, karşı tarafın algıladığıdır.**

Kendi beyin haritamızın, karşımızdaki insanın beyin haritası ile aynı olduğunu ve mesajımızın, olabildiğince basit ve net biçimde iletilmiş olsa bile, böyle bir sonuca yol açtığını düşünelim. Yine de yanlışlıklara kapı açabilecek bir yön vardır. Duygu, tutum ve inançlarımızı (kişisel haritamızı) ilettiğimiz mesajdan öte, ses tonumuz ve beden dilimiz ele verir. Bunların hepsi iletişimin bir parçasıdır. Etkili bir iletişimin ölçüsü; sözcükler, yararlanılan araçlar ya da teknoloji değil, istenilen sonuçlara ulaşılıp ulaşılmadığıdır.

Ancak iyi iletişimi gerçekleştirmek için neyin önemli olduğunu çok iyi bilmek gerekiyor. Albert Mehrabian, bir mesajın toplam etkisinin yaklaşık % 7'sinin sadece sözcüklerden, 38'inin sesten (ses tonundan, sesin alçalıp yükselmesinden), % 55'inin ise sözlü olmayan unsurlardan oluştuğunu ortaya koymuştur.

Profesör Birdwhistell'in tahminlerine göre, ortalama insanın bir günde kelimeler ile konuşma süresi ortalama on veya on beş dakika civarında olup, bir cümle yaklaşık 2.5 saniye sürmektedir. Mehrabian gibi Birdwhistell de iletişimde sözel unsurların % 35'den az olduğunu ve iletişimin % 65'inden fazlasının sözel olmayan unsurlardan oluştuğunu ortaya koymuştur. Araştırmacılara göre sözel kanal, temelde bilgi aktarmak, sözel olmayan kanal ise insanlar arası davranışların aktarılmasında kullanılır. Birdwhistell iyi eğitilmiş bir kişinin karşısındakinin sadece sesini dinleyerek hareketlerini tahmin edebileceğinini söylüyor.

İletişimde Göz Hareketleri ve NLP

Göz hareketleri, kişiye özgü işlevlerin en iyi bilinen göstergesidir. NLP'ye göre otomatik, bilinçsiz göz hareketleri yada "göz erişim ipuçları" sık sık özel dikkat (düşünce) süreçlerine eşlik eder, onayı ve kişisel temsil sistemlerinin kullanımını belirler.

Göz hareketlerinin iç temsillerle ilgili olabileceği fikrini Amerikan psikolog William James 1890 yılında yazdığı "Psikolojinin Prensipleri" kitabında öne sürmüştür. (Sayfa 193-195) Çok küçük hareketlerin bazı şekillerini gözlemek daima ilgi çekmiştir. James'e göre :

"Özel bir duyum küresine ait olan bir duygu (izlenim) ya da fikre dikkat çekmek, gerçekte varmış gibi hissederek bu duyu organındaki hareketi ayarlamaktır. Göz yuvarlaklarındaki basıncın dalgalanması, yakınsama, ıraksama ve uyum hissetmeksizin "görüntü" ile ilgili terimleri düşünemiyorum. Düşünmeye ya da hatırlamaya çalıştığım zaman bu hareketler soru halini alıyor... Sanki dış dünyadan gelen bir geri çekilme hissi gibi. Ne kadar ortaya çıkarmak istesem, bu duygular göz yuvarlaklarının yukarı ve aşağı doğru yuvarlanmasından kaynaklanıyor."

William James'in tanımladığı şey, NLP'de iyi bilinen "göz erişim ipuçları"dır. (Gözler görünür şekilde yukarı, sağa, sola hareket eder.) James'in gözlemi, 1970'lerin başlarına kadar öylece kalır. Kinsbourne (1972) ve Galin& Ornstein (1974) gibi psikologlar, lateral göz hareketlerini beynin farklı yarı küreleri ile ilgili işlevlere bağlamaya başladılar. Sağ ellerini kullanan insanların sol yarım küreyle ilgili görevlerde (mantıksal ve sözel) başlarını ve gözlerini sağa, sağ yarım küreyle ilgili görevlerde (sanatsal ve mekansal) sola oynattıklarını (çevirdiklerini) gözlediler. Yani insanlar kişiye özgü bir görevi tamamlamaya çalışırken beyinlerinin ters yönlerini kullanmaya eğilim gösterirler.

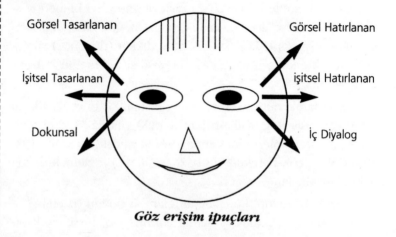

Görsel Tasarlanan

Görsel Hatırlanan

İşitsel Tasarlanan

İşitsel Hatırlanan

Dokunsal

İç Diyalog

Göz erişim ipuçları

Gözler yukarıda ve solda: Baskın olmayan yarı küre görselliği. Hatırlanan görüntü.

Gözler yukarıda ve sağda: Baskın yarı küre görselliği. Yapılanmış hayal ve görsel fantezi.

Gözler sol yanda: Baskın olmayan yarı küre görselliği. Hatırlanan sesler, kelimeler ve ses tonu ayrımı.

Gözler sağ yanda: Baskın yarı küre görselliği. Tasarlanan sesler ve kelimeler, çocuk şiirleri gibi olabildiği kadar ses tonu ayrımları.

Gözler aşağıda ve solda: İç diyalog ya da kendi kendine içten konuşma.

Gözler aşağıda ve sağda: Duygular, hem dokunma hem iç organlara ait.

Gözler doğruca ileriye bakıyor, fakat belli bir merkeze odaklanmamış ve büyümüş: Hemen hemen her duygusal bilgiyi, genellikle görsel bilgiyi çok çabuk kabul etme.

Araştırmalar bu modelin insanlık tarihi boyunca sağ elini kullanan insanlar için geçerli olabileceğini ortaya koymaktadır. Daha sonraki çalışmalar hem ifade edilen hem de etkilenilen kişisel anahtar düşünce bileşenlerinin göz hareketlerinin bir kanıtı olduğunu NLP ile desteklemiştir. Sol elini kullanan birçok insan, gözlerini soldan sağa çevirmeye eğilimlidirler. Yani sol ellerini kullananların göz erişim ipuçları, sağ ellerini kullananların ayna görüntüsünündedir, yani tam tersidir. Onlar duyguları için aşağı ve sağ yerine aşağı sola bakarlar. Aynı şekilde görünür hayal için yukarı ve sol yerine yukarı ve sağa bakarlar. Çok az insan (iki elini kullanan ve bazı sağ elini kullanan insanlar dahil) bazı göz erişim ipuçlarının tersini gerçekleştirecektir, fakat diğerlerini değil.

Bu göz hareketleri ile kendi düşüncelerimiz arasındaki ilişkiyi açıklamak için kendiniz alıştırma yapabilirsiniz. Bunun için bir arkadaşınıza aşağıdaki soruları sorun ve onun göz hareketlerini gözlemleyin. Her soru için arkadaşınızın göz hareketlerini takip ederek, aşağıdaki kutuların içini gözlediğiniz durumların dizisini temsil edecek işaretler, çizgiler ve sayılarla doldurun.

	SAĞ		SOL
Üst			
Lateral			
Alt			

Göz erişim ipucu belirleme tablosu

1. **Hatırlanan görüntü:** Arabanızın rengini düşünün. Yatak örtünüzün modeli nasıl? En son gördüğünüz koşan birini düşünün. Bu sabah gördüğünüz ilk beş kişi kimlerdi?

2. **Yapılanmış görüntü:** Bizden altı metre yukarıda olduğunuzu farzedin ve ufuk çizgisini görün.

3. **Hatırlanan dinleme:** Sevdiğiniz bir şarkıyı düşünebilir misiniz? Alkış sesini düşünün. Arabanızın motor sesi nasıl?

4. **Yapılanmış dinleme:** Tren düdüğü sesinin sayfa çevirme sesine dönüştüğünü hayal edin. Aynı anda annenizin sesiyle saksafon sesini duyabilir misiniz?

5. **İç diyalog (Kendi kendine içten konuşma):** Kendinize zaman ayırın ve kendi sesinizi dinleyin. Bunun sizin sesiniz olduğunu nasıl biliyorsunuz? Genellikle kendi kendinize konuştuğunuz durumlar nelerdir? Kendi kendinize sık sık söylediğiniz şeyleri düşünün.

6. **Dokunsal hatırlanan:** Kendinizi en son gerçekten ne zaman terlemiş hissettiniz? Elinizde kar olduğunu hayal edin. Çam kozalağı tutmak nasıl bir duygudur? En son ne zaman sıcak bir yemek tenceresine dokundunuz? (İç organlara ait / duygusal) Tamamlamış olduğunuz bir proje veya işin sizi memnun ettiği en son zamanı düşünebilir misiniz? Kendinizi bitkin hissetmenin nasıl bir duygu olduğunu düşünün. En son ne zaman sabırsızlık hissettiniz?

7. **Dokunsal tasarlanan:** Kumun parmaklarınızın arasındaki yapışkanlığını hayal edin. Bir köpeğin tüylerinin yumuşaklığının tereyağının yumuşaklığına dönüşmesini hayal edin. (İç organlara ait / duygusal) Bir şeye tam motive olmuşken bunun hayal kırıklığına dönüştüğünü hayal edin. Kendini sıkılmış hissederken, bunun aptalca bir duygu olduğunu hayal edin.

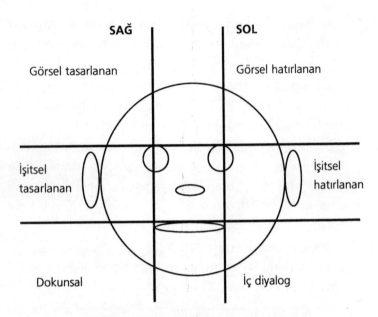

Göz hareketleri ile görülen temsil sistemleri

Göz hareketlerini gözlemlediğiniz ve takip ettiğiniz sürece birçok insanın, birincil temsil şekilleri ile ilgili olarak alışkanlık haline gelen göz hareketlerine sahip olacağını aklınızdan çıkarmayın. Aşırı görsel olan bir insan, sizin sorunuzun hangi duygusal modele uyup uymadığını bilmeksizin sağa ya da sola bakmaya eğilimlidir. Eğer ona en sevdiği şarkıyı sorarsanız, şarkının ismini hatırlamak için kaset ya da CD kapağını hatırlamaya çalışır. Dokunsal bir kişi beğendiği birçok şarkı içinde hangisinin favorisi olduğunu belirlemek için duygularını kontrol ederek aşağıya bakacaktır. Bu yüzden sorulara insanların doğru cevap verdiğini anlatan tanımlayıcı göz hareketleri önemlidir.

Göz erişim ipuçlarında ve onları okuma yeteneğinde kendinizi güvende hissettiğinizde, bunları kullanmanın bir çok yolu olacaktır. Daha önce bahsedildiği gibi, alışkanlık halindeki göz hareketleri kişinin tercihsel duygusal modelini yansıtır. Bir kişiye onun için gerçekten önemli olan şeyi sorduğunuzda ve onu düşün dendiğinde gözlerinin yeri bu kişi için en değerli olan temsil sistemi hakkında size belki de birçok şey söyleyecektir.

Göz hareketleri aynı zamanda bu kişinin nasıl uyum ve doğruluk içinde olacağını belirlemek için de kullanılabilir. Eğer birisi tanık olduğu ya da içinde bulunduğu bir olayı anlatıyorsa, sözgelimi gözleri hafıza erişimini belirlemek için (sağ elini kullanıyorsa, solak değilse) her şeyden önce sağa ya da sola hareket eder. Eğer kişi en çok sağa ve yukarı bakıyorsa, buna rağmen bu tecrübenin görüntüsünü tekrarlıyor veya tekrar oluşturuyor demektir. Bu, o kişinin anlattığı konu hakkında ya gerçekçi olmadığını ya da belirsizlik yaşadığını belirler.

NLP'deki göz hareketlerinde kullanılan en yaygın uygulama, kişinin düşünürken ya da bir karar verirken kullandığı temsil stratejilerini belirlemektir. İnsanların düşünme işlevleri onlara bilinçsizce gelse de, kendiliğinden oluşan göz hareketleri bir karar vermede, öğrenmede, motivasyonda, ezberlemede vb. insanın iç stratejilerini modellemesi ve neden olması açısından çok önemlidir.

Stratejileri öğrenmenin temeli, ihtiyaç duyacağınız her şeyi kişilerin size anlatacaklarını bilmektir. Sözleriyle, vücutları hatta gözleri ile anlatacaklardır. Bir kitabı, haritayı, teknik resmi okumayı öğrendiğiniz gibi aynı ustalıkla kişileri okumayı da öğrenebilirsiniz.

Stratejinin görsel, işitsel, dokunsal, kokusal ve tatsal temsillerin belirli bir düzeni olduğunu unutmayın. Stratejiyi öğrenmeye çalışmadan önce neye bakılması gerektiğini ve herhangi bir anda sinir sisteminin hangi kısımlarının kullanılabileceğini, bilmelisiniz.

Kişilerin kullandığı görsel, işitsel, dokunsal gibi sinir sistemlerinin belirli bir kısmı, daha çok kullanılmak eğilimindedir. Birisinin stratejisini öğrenmeden önce onun temsil sistemini öğrenmeniz gerekir.

Temel olarak **görsel** temsili kullanan kişiler dünyayı görüntüler halinde algılamak eğilimindedirler. Beyinlerinin görsel kısmına erişerek en büyük güç duygusuna ulaşmayı başarırlar. Beyinlerindeki görüntülerle uyum sağlamaya çalıştıklarından görsel kişiler çok hızlı konuşmak eğilimindedirler. Nasıl konuştuklarına dikkat etmezler, önemli olan görüntüleri kelimelerle eşleştirmeye çalışmaktır. Görsel mecazlarla konuşma eğilimindedirler. Görsel temsili kullanan kişilerin genelde kullandıkları sözcükler şunlardır : "Resim, parlaklık, renk, görüntü, siyah, bakış, göz, sahne, canlı, görselleştirmek, hayal etmek, açığa çıkarmak, yansıtmak, açıklık kazandırmak, içgörü, perspektif, fark etmek, görmek, karanlık, belirsiz, odak noktası, ışıltı." Deyimler ise şunlardır : " Demek istediğini gözümde canlandırıyorum, kör nokta, görünüyor ki, buna tekrar bakacaksın, göster bana, gözgöze, zihin gözü, bir içim su, yakından bakmak, net olmayan fikir, ışık saçmak."

İşitsel eğilimli kişiler kullandıkları kelimelere daha çok dikkat ederler. Sesleri daha yankılı, konuşmaları daha yavaş, daha ritmik ve daha ölçülüdür. Kelimeler çok şey ifade ettiğinden, söylediklerine çok dikkat ederler. Konuşmalarında sesle ilgili kelimelere yer verirler. Kullandıkları sözcükler şunlardır: "Gürültülü, çınlamak, net, tartışmak, anlatmak, sessiz,söylemek, işitmek, belirtmek, işaret etmek, tıklamak, söylenti, armoni, sağır, ton, dilsiz, sakin, ritm, ses, dalgaboyu." Kullandıkları deyimler ise şunlardır: "Konuşur gibi, sağır edeceksin, eteği zil çalmak, kelimesi kelimesine, dilini tutmak, bağırarak açıklamak, aynı dalga boyunda olmak, eşi benzeri duyulmamış, akort tutturmak, ruhunu duymak."

Dokunsal kişiler çok daha yavaş olma eğilimindedirler. Daha çok duygulara tepki verirler. Sesleri yavaş yavaş ve derinden çıkma eğilimindedir. Fiziksel dünyadan mecazlar kullanırlar. Somut şeyleri kavrarlar. Nesneler ağırdır ya da yoğundur, nesnelere dokunma gereği duyarlar. Kullandıkları sözcükler şunlardır: "Dokunmak, itmek, katı, kazımak, ağır, kaba, yumuşak, temas, kımıldamak, baskı, el atmak, dürtmek, kavramak, ağır, sürtmek, yapışkan, sıcak, soğuk, tutmak, sağlam, elle tutulur." Deyimler ise şunlardır: "Yüreğine dokunmak, soğukkanlı olmak, sıcakkanlı insan, bir düşünceyi kavramak, sıcak tartışma, yumuşak zemin, parmak basmak, iliklerine kadar hissetmek, bam teline dokunmak, altını kazımak."

Herkes bu üç tarzdan elemanlara sahiptir. Fakat çoğumuzda bunların birisi daha üstündür. Sadece kişileri gözleyerek ve dinleyerek hangi sistemi kullandıklarına ilişkin derhal bir izlenim edinebilirsiniz.

Birisi gözlerini sol yukarıya kaldırmışsa belleğinde bir şey görüntülüyordur. Gözleri sol kulağına doğru gidiyorsa bir şey dinliyordur. Gözleri sağ aşağıya kaydığında kişi, temsil sisteminin dokunsal kısmına ulaşıyor demektir.

Benzer şekilde, bir şeyi hatırlamakta güçlük çekiyorsanız, bunun nedeni muhtemelen vücudunuzu ihtiyacınız olan bilgiye ulaşacak konuma getirmemenizdir. Birkaç gün önce gördüğünüz bir şeyi hatırlamaya çalışıyorsanız, sağ aşağıya doğru bakmanız sizin o hayali görmenize yardımcı olmayacaktır. Sol yukarıya bakarsınız bilgiyi hızla hatırlayacaksınız.

Fizyolojinin diğer yönleri de tarzlar hakkında bize ipuçları verir. Kişi göğsünün üst kısmında nefes alıyorsa görsel olarak düşünüyor demektir. Göğüs ya da diyaframın tümünde düzgün olarak nefes alıyorsa işitsel tarzda demektir. Karnının alt kısmından derin nefes alıyorsa dokunsal ulaşımda olduğunu gösterir.

Ses de eşit değerde açıklayıcıdır. Görsel kişiler hızlı patlamalar ve genellikle yüksek vurgulamalarla genizden ya da gergin tonlarda konuşurlar. Düşük derin tonlarda ve yavaş konuşmalar genellikle dokunsallara aittir. Düzgün ritmli açık soluk tonlar işitsel ulaşımı gösterir.

Ten renklerini bile okuyabilirsiniz. Görsel olarak düşünmeye başladığınızda, yüzünüz daha soluk bir renk alır. Kızarmış bir yüz dokunsal erişimi gösterir. Birisi başını yukarıya kaldırdığında görsel tarzda demektir. Başı dengeli ya da hafif yana yatıksa (dinlemede olduğu gibi) işitsel tarzdadır. Başı aşağı doğru ya da boyun kasları gevşekse dokunsal tarzdadır. Bu nedenle en küçük bir iletişimde bile kişinin hangi mesajlara cevap verdiği ve zihnini nasıl çalıştırdığına ilişkin açık ve hatasız ipuçları edinebilirsiniz.

Göz Tarama Modelleri

NLP'nin görüş tarzına göre, gözlerin hareketinin bir pozisyondan diğerine yansıma bağlantıları ve kısmi benzeşmeler ve hareketlerdeki devamsızlıklar, farklı temsil fonksiyonları arasında ve farklı haller arasındaki bölümler, kişisellikler, sinirsel yapıya ait özelliklerin bütünü göz tarama modelini oluşturur.

Bir kişinin göz hareketlerini inceleyecek olursak, çok yavaş olup bir temel göz pozisyonundan diğerinedir. (Yukarı sol, aşağı sağ, yukarı sağ, yanal sağ gibi) Hareketler de nadiren mükemmel, pürüzsüz ve düzdür. Gözlemlerdeki bu kolaylık ve zorluk, kişinin yapmış olduğu vücut hareketinin göstericiliğini ve algılanması, her kişi için farklı temsil hareketlerinin alışılmış olarak daha bağlantılı ya da ayrılmış olduğu ortaya çıkar.

Yeni ve farklı yollarla düşünüş, yetenekte öğrenme, esneklik ve yaratıcılığı içerir. Bir yaklaşım da, yeni yetenekleri geliştirmek için düşünsel alışılmış yolları saptamak ve sonrasında bunları değiştirmek ve onlara eklemede bulunmaktır. Alışılmış yolları bulma ve bunları bozma düşüncesiyle NLP'nin göz hareket modellerini kullanması da bir yoldur. İç süreçlerimiz, göz reflekslerimiz olduğundan, bunlar alışılmış düşünme modellerini değiştirmede ve teşhis etmede araç olarak kullanılabilir.

Aşağıdaki alıştırma 1986'da Robert Dilts tarafından geliştirilmiş olup, göz tarama modellerinde alışılmış düşünce modelinizi araştırmak ve sonrasında geliştirmek ve modeli büyütmekte kullanılır.

"Aklın Gözleri" için "Göz Kayması" Alıştırması

Alıştırma 1: Göz Pozisyonu İçinde Temsil Sistemlerinin Araştırılması:

Alıştırma olarak şu deneyi yapmaya çalışın. Başınız önünüzde düz biçimde tutarak gözlerinizi göz hareketleri tablosunda gösterilen temel göz pozisyonlarının her birine uygun olarak yerleştirin. Her pozisyon için 30 saniye bekleyin. Şaşırmamak için bir arkadaşınız sizin için zaman tutsun.

Her pozisyon arasında edindiğiniz deneyimleri ve bunlar arasındaki farkları not edin. Hangileri daha rahat, doğal ya da hangileri diğerlerinden daha bildik duygular uyandırıyor? Bazı pozisyonlarda diğerlerinden farklı olarak gözlerinizi daha uzun süre tutmayı hissediyor musunuz? Bazı pozisyonlarda kişisel düşünüşünüzü ya da belirli tiplerdeki çağrışımları bulmuş olmalısınız. Diğerlerinde sadece tam bir boşluk içinde olabilirsiniz de... Hangi göz pozisyonunda daha yaratıcı çağrışımlarda bulunuyorsunuz, ya da şaşırmış, hayalperest oluyorsunuz hangisinde realist ya da eleştirmen?

Alıştırma 2: Problem Çözmede Göz Pozisyonlarının Etkisinin Araştırılması:

Gelişmiş bir deney olarak, bir problem ya da bir fikrin, yani çalışmış olduğunuz şeyin üzerinde düşünürken, gözleriniz farklı pozisyonlarda birkaç dakika tutulu kalır. Problem ya da fikrin vücut hareketinizi nasıl etkilediğine dair bağlantıyı not edin. Her pozisyon sonucunda problem ya da fikriniz nasıl değişiyor? Özellikle dikkat etmeniz gereken, bildik olmayan göz pozisyonlarının sizi nasıl etkilediğidir. Herhangi bir göz pozisyonu size belirli tip duyguları hissettiriyor mu? (Sesler ya da tasvirler) Düşünmüş olduğunuz problem ya da fikirde sesler ya da duyguların, göz pozisyonlarının değişikliği ile hayal edinimlerindeki miktarlar değişiyor mu?

Alıştırma 3: Sentezler ve Göz Hareket Modellerinin Araştırılması:

Psikolojimiz ve kısmi göz hareketlerimizin altında yatan temel etkenin, bizim (davranış) stratejilerimiz olduğu görülür. Bu yüzden, olaylardaki davranışlarımız, nöropsikolojik yapımızda etkili olduğu kadar onları destekler. Bir sentez olarak, daha yaratıcı bir düşünme, yeteneğimizle duygu temsil sistemlerimizin birlikte olan bağlantısından ileri gelir. Göz hareket modelleri refleks olup onların duyguların alışılmış bağlantılarıyla birlikte olduğuna hüküm veririz.

Bir başka alıştırma olarak, farklı göz pozisyonlarının çeşitli kombinasyonları arasında gözlerinizi hareket ettirmeye çalışın. Yukarı soldan aşağı sağa ve geri olarak yineleyin. Ya da yukarı sağdan yukarı sola ve geri olarak yineleyin. (Eğer tüm 9 pozisyonu kullanırsanız, yaklaşık 45 tane olası kombinasyon oluşur.) Bazı genel önemli modeller aşağıda gösterilmiştir.

Gözlerinizi, geriye ve ileriye doğru, temel iki göz pozisyonu arasında yaklaşık 6 kez hareket ettirin.

Önce gözlerinizi çok yavaş hareket ettirerek başlayın ve sonra hareketi hızlandırın. Gözlerinizi pürüzsüz, düz bir çizgide iki pozisyon arasında hareket ettirmeye çalışın. Sonra diğer bir çift göz pozisyonuna döndürün ve işlemi tekrarlayın. Yeni çifti tüm göz pozisyonlarının temel çiftleriyle çevirene kadar koruyun.

Gözlemci olarak bir arkadaş bulun. Arkadaşınız tam anlamıyla iki pozisyon arasında göz hareketlerinize dikkat edebiliyor mu? Çok kısa zamanda bu hareketin nadiren mükemmel derecede düz olduğunu belki de farkedeceksiniz. Sık sık gözler bir yörünge yolu boyunca belli yerlerde duraklayarak sarsılır. Sık sık gözler bir yerden diğerine hareket ederken düz bir çizgiden ziyade kavis çizecektir. Göz hareketi modelleri çevrenizdeki dünyayı temsil eden bilgi hakkında beynimizin çeşitli kısımları arasında bir psikolojik yolu ya da davranış tarzını ifade etmeyle birlikte sinir sisteminizin farklı kısımları arasında bağlantı kuran bir yoldur.

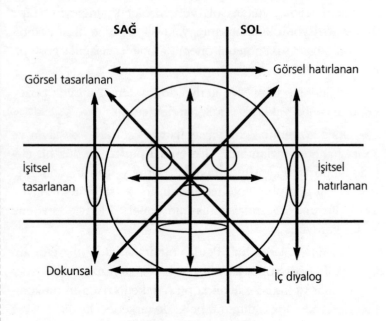

SAĞ   **SOL**

Görsel tasarlanan   Görsel hatırlanan

İşitsel tasarlanan   İşitsel hatırlanan

Dokunsal   İç diyalog

Bazı temel göz hareketleri

Farklı pozisyonlardaki kolay ya da zor hareketler hangi nörolojik yolların daha açık ve pürüzsüz olacağını değerlendirmeye yardım edecektir. Gerçekte, bu özel işlemi kişinin göz yazısı (izi) olarak adlandırılan işlemi yapmak için kullanırız. Parmak izi gibi, bir insanın göz izi fiziksel seviyenin yerine nörolojik düzeyde kişinin yegane karakteristiği hakkında bir betimlemedir. Göz izleri kişinin alışkanlık halindeki beyin kısımlarının hangilerinin bağlantılı veya ayrı olduğu ve böylece kişinin hangi düşünme işlemlerinde üstün olduğu veya zorluk çektiği hakkında bir fikir edinmek için yardım edecektir. Bu, kişinin en çok gösterdiği ve tecrübe ettiği yeteneklerini, iç çatışmalarını ya da kendine özgü ayırdedici özelliklerinin çeşitlerini değerlendirmek için yardım edecektir. Bu aynı zamanda gelişme gösterdiği ve yükselişte olduğu alanları tanımlamanın bir yolu olarak kullanılabilir.

Bir önceki göz pozisyonu alıştırmasında olduğu gibi, hangi hareketlerin daha rahat, tanıdık ve doğal olduğuna dikkat edin. Bazı modeller belli düşünce çeşitlerine daha ilgili ve yardımcı görünüyor mu? Yine bir kez hangi modellerin yaratıcılıkla daha ilgili, tutkulu, hayalci, realist, eleştirici olduğuna dikkat edin.

Alıştırma 4: Yeni Nörolojik Yollar Yaratma ve Güçlendirme

En zor, sıkıntılı ya da rahatsız bir göz hareketi modelini ele alın ve gözlerinizi bir aşağı bir yukarı hareket ettirerek iki göz pozisyonu arasında bir yoldan gidin. Arkadaşınız gözlerinize rehber olarak parmağını kullanarak size yardım edecektir. Arkadaşınız birlikte en çok bağlantı kurmak istediğiniz iki göz pozisyonu arasında aynı mesafede, sizin önünüzden bir uzunluktan bir buçuk uzunluğa parmağını tutmalıdır.

Arkadaşınız önce pürüzsüz, düz bir yolda çok yavaşça hareket ettirmeye başlamalıdır. Gözleriniz harekete uyduğunda aynı yolu izleyerek arkadaşınızdan parmak hareketini hızlandırmasını isteyin. Bunu bir kağıda düz bir çizgi çizip önünüzde uygun bir açıyla size rehber olacak şekilde tutarak yardımcısız da yapabilirsiniz.

Yeni bağlantıları kurmanın etkisini değerlendirmek için üzerinde çalıştığınız bir fikir veya problemi ele alın ve yeni çevrimin nasıl etki ettiğine dikkat edin. İlk olarak problem ya da fikir hakkında düşündüklerinizi not alın. Bu birincil olarak duygular mı, kelimeler mi, ses mi ya da görüntüler mi? Hangi yardımcı modeller ve nitelikler problem ya da fikrinizi temsil eden çevrimi vurgulamış görünüyor? Daha sonra, bilinçsiz olarak fikrinize veya probleminize odaklanmadan, arkadaşınız (ya da kağıt rehber çizginiz) yeni göz modeline izin versin. Problem ya da fikirle ilgili düşünce işleminizin nasıl etkilendiğine dikkat edin. Yeni modelin sonucuna göre problem ya da fikirdeki düşünce değişikliği nasıl bir yol izler? İlk olarak problem ya da fikirle birleşen duygu, görüntü veya seslerin nitelikleri nasıl değişir?

Alıştırma 5: Göz Hareketi Modelleri Boyunca Yeni Çevrimleri Keşfetmek ve Yaratmak

Açık olarak, daha karmaşık düşünce modelleri daha karmaşık göz hareketlerini gerektirmeye eğilimlidir. Eğer insanları gözlemeye başlarsanız, kişinin gözlerinin tamamen zincirleme hareket ettiğine belki de dikkat edebilirsiniz. Bazı modeller daha çok dairesel, bazıları üçgen, kare ya da diğer şekillerin kombinasyonu şeklinde ortaya çıkabilir.

Bir deney olarak, gözlerinizle bu şekillerin bazı temel çeşitlerini kopya etmeye çalışın. Bir daire, kare, üçgen veya diğer bir şekli yapın. Bunun sizi nasıl etkilediğinden emin olana dek bir modeli en az birkaç kez tekrar edin. Bir model içindeki göz hareketi kolay mı ya da rahat mı?

Şimdi göz hareketi modelinin biraz görünümünü değiştirmeye çalışın. Eğer bir yönde daireyi kopyalamışsanız, bunu ters çevirin. Eğer bir üçgenin tabanı aşağıdaysa bunu yukarı döndürün. Bu bilinç durumunuzu veya sizi nasıl etkiliyor?

Önceki göz alıştırmalarında olduğu gibi, üzerinde çalışacağınız bir problem veya bir fikri ele alın ve yeni modeldeki çevrimi kullanarak nasıl etkilendiğine dikkat edin. Tekrar, ilk olarak fikir ya da problem hakkında nasıl düşündüğünüze dair kişiye özgü yapıyı not edin. Problem veya fikrinizin başlangıç betimlemesini vurgulayan görüntü, ses ve (veya) duygunun görünümleri nelerdir? Yine, problem ya da fikir üzerinde bilinçsizce odaklanarak yeni göz modelinde ilerleyin ve problem veya fikir hakkında düşünce işleminin nasıl etkilendiğine dikkat edin. Yeni modelin sonucu olarak problem ya da fikir hakkındaki düşüncenizi nasıl etkiledi? İlk olarak problem ya da fikirle birleşen görüntü, ses ya da duyguların niteliklerindeki değişiklikler nelerdir?

Aynalama ve Modelleme

İletişimde önemli olan sizin söylediğiniz değil, karşı tarafın algıladığıdır demiştik. İletişim yeteneği, hayatın her alanında başarılı olmanıza yardım eder. İş hayatınızda insanları yönetiyorsanız, iletişim yeteneğine çok ihtiyacınız olacak. Aynı şekilde sosyal çevrenizde kuracağınız iletişim, ilişkilerinizin mükemmeliğini getirecektir.

İyi bir iletişim, sözler ve jestlerden ibaret değildir. İletişim, çok daha karmaşık ve görülemeyen bir etkileşim gerektirir. Bazen iletişim kolayca gelişir ve buna 'pozitif elektrik' deriz. Bazen de tersi olur ve 'negatif elektrik'ten bahsederiz.

NLP aracılığı ile, olgun, profesyonel bir iletişim kurabilirsiniz. Genellikle, kendi özelliklerimize benzeyen insanlarla iyi iletişim kurarız. Karşı taraftan da benzer işaretler alırız. Bu aslında bir aynalamadır ve etkili iletişim aynalamayı da kapsar. Aralarında belirli bir iletişim ve diyalog kurmuş olan insanlar, birçok durumda birbirlerine benzer hareketler sergilerler.

İyi bir iletişim kurmak için aynalama ve modelleme yapabiliriz. Bunları şu alanlarda gerçekleştirebiliriz:

- Vücudun duruşu (Fizyoloji), hareketler
- Ses tonumuz, konuşma hızımız ve diğer ses özellikleri
- Dil ve düşünme tarzı, kelime seçimi ve zihinde canlandırma sistemi

- İnançlar ve değerler
- Deneyim, ilgi ve faaliyetlerimize uygun bir temel bulmak
- Nefes almak, bir başka kişiyle yapılacak eşleştirme, aynalama ve modellemenin dikkat çekmeyen, fakat güçlü bir yönü

İyi anlaşan insanları konuşurken izleyin. Genellikle vücut görüntüleri birbirlerinin ayna pozisyonudur. Muhtemelen birbirlerine doğru eğilmişler, ikisi de bacak bacak üstüne atmış veya ikisi de bir kollarını masaya dayamıştır. Uzun yıllar evli kalmış çiftler de birbirlerine benzemeye başlamışlardır. "Üzüm üzüme baka baka kararır." sözünün de temeli aynalama prensibidir. İletişimdeki ilişkinin derecesini görmek veya bir ilişki geliştirmek için de aynalamayı kullanabiliriz.

Aşağıdaki alıştırmaların amacı, modellemenin temel yöntem ve kuralları ile bazı deneyimler kazanmaktır. Bunlar öncelikle modelleme sürecinin bilgi toplama aşaması üzerine yoğunlaşırlar. İç ve dış modelleme formatları dahil modelleme becerilerini, kişisel performansa ilişkin bilgilerin seviyelerini ve farklı şekillerini toplamak için çeşitli algılama şekillerinin kullanılması üzerine odaklanırlar.

Aynalama Alıştırması

Aynalama, başka birisi ile güçlü bir "ikinci pozisyon" yaratma yöntemidir. Aynalama, kişinin iç deneyimleri hakkındaki sezgilerin geliştirilmesi ve başka bir kişiyi modellemek için temel davranıştır. Aynalamanın etkili olması ve duygulanım için aşağıdaki alıştırmayı yapmaya çalışın:

1. Konuşma yapacak bir arkadaş bulun. Konuşma boyunca onu aynalayacağınızı kendisine başlangıçta söylemeyin.

2. Arkadaşınızla konuşmaya başlayın. Değişik konulardaki görüşlerini sorun.

3. Konuşurken arkadaşınıza fark ettirmeden fizyolojisini aynalamaya başlayın. (Ses tonu ve temposu dahil) İpucu: Bu aktif dinleme şeklinde olursa çok daha kolay yapılabilir. Aynalama "Yani şunu söylemek istiyorsunuz." gibi bir yorumla yapıldığında kişinin durumlarının yansıtılması demektir ve daha sonra siz kişinin düşüncesini anlar hale gelirsiniz.

4. Siz tam bir aynalama yaparken, aynı şekilde oturuyor, aynı şekilde jest ve mimikleri kullanıyor, aynı hız ve yükseklikte konuşuyor olacaksınız. Eğer tamamıyla karşıdaki kişiyi aynalıyorsanız, tıpkı karşınızdaki kişi gibi nefes alıyor, göğsünüzün aynı bölgelerini kullanıyor olacaksınız. Bu aşamaya geldiğinizde aynı şeyleri hissedeceksiniz.

5. Uygunluğun derecesini test etmenin bir yolu, henüz tartışılmamış bir konuda kişinin görüşlerini "ikinci tahmin" ile test etmektir. Aynalama, bilinçsizce konuşulan ve sağlanan bilgilerin elde edilmesini genellikle verecek ve siz kişinin fikirlerini o farkında olmadan alabileceksiniz. Bu, aynalamanın modelleme için güçlü bir araç olmasının nedenidir.

6. Etkileşimde aynalamanın etkisini hissedebilmek için, diğer kişinin duruşu, jestleri, ses tonu ve nefes alışındaki ani uyumsuzlukları yakalamaya çalışın. Eğer bunu yaparsanız hem siz hem de partneriniz tamamen sarsıntıya uğrayabilirsiniz ve uyumunuzun kalitesinin değiştiğini hissedersiniz.

7. Konuşmanızı bitirmeden ve arakadaşınızın ne yapmaya çalıştığınızı anlamasından önce fiziksel olarak arkadaşınızla uyum oluşturduğunuzdan emin olun.

İkinci durumdan iç durum modellemesi:

Bu alıştırma dört kişiyle yapılmalıdır:

a) Modellenecek kişi

b) Model olan kişisel etkileşim halindeki bir konu

c) Modelleyici

d) Gözlemci

1. Konuşma için konu ve modellenecek kişi, ana konu hakkında meşgul edilir. (Yaklaşık 5 dakika) Modelleyici diğer kişiyle ikinci pozisyonu alarak onun küçük kas hareketlerine odaklanarak iç modelleme başlar.

2. Sonra modelleyici diğer kişinin modellemesine başlar. Örneğin modelleyici "eğer siz olsaydınız" gibi konulara devam ederek konuşmayı sürdürür.

3. Modelleyici diğer kişi ve gözlemci tarafından nasıl modellenen kişi gibi doğru hareket edeceği dersi verilerek açık geri dönüşümü alır. (Eğer modelleyici denemede zorluk çekiyorsa 1. ve 2. basamakları tekrarlamalısınız.)

4. Sonra modelleyici odadan çıkarılır, modellenen kişi ile o anda seçilen farklı bir konu hakkında 5 dakika kadar konuşulur.

5. Modelleyici geri döndüğünde, modellenen kişi gibi yeni konu hakkında konuşur. (Konu elverdiğince soruların sırasını ve konuşmanın etkileşimini kopyalamaya çalışmalıdır.)

6. Yaklaşık 5 dakika sonra, konu, gözlemci ve model olan kişi modelleyiciye performansının nasıl doğru olacağı konusunda geri bildirim verirler.

Birleşik modelleme ile ikili ve üçlü betimleme oluşturma

Birleşik modelleme süreci, modellenecek kişinin ikili betimleme ve üçlü betimlemesini oluşturmak için iki kişinin katılımını gerektirir. Birleşik modelleme hem açık hem de içsel modelleme süreçlerinin hemen birbirine geçmesine izin verir. İki gözümüzün, dışımızdaki görsel dünya hakkında ikili betimleme derinliği vermesi gibi, birleşik modelleme de aynı konu hakkında muhtelif, kendiliğinden perspektifler oluşturması ile modelleme sürecinin derinliğini verir.

Bu alıştırmalar, üçlü bir grup ile yapılmalıdır: A, B ve C.

A: Modelenecek kişi

B & C : Modelleyiciler

Alıştırma 1: İkinci pozisyonu kullanarak sezgileri yapılandırma

1. A kişisi, model olabilecek basit davranışsal beceriler gösterir. (Örneğin; bir dans figürü, kültüre bağlı bir hareket veya selamlama)

2. B ve C kişileri bilinmeyen bir cümleye girer ve birkaç dakika içinde A ile ikinci pozisyona girerler.

3. B ve C ikinci pozisyonda A'nın edindiği deneyim hakkında açıkça ne düşündüklerini yazarlar.

4. İki betimlemedeki benzerlik ve farklılıklar belirlenmek üzere, B ve C modellerini karşılaştırırlar.

5. A, B ve C, A'nın gösterdiği davranışsal becerinin anahtar elemanlarını oluşturan üçlü betimlemeyi yapmak için beraber çalışırlar.

Alıştırma 2: Üçüncü pozisyonu kullanarak iç durum modellemesi

1. A kişisi, model olabilecek davranışsal basit bir beceri gösterir.

2. Üçüncü pozisyonda ya da gözlemci pozisyonunda kalarak, B ve C model olan beceri hakkında içsel bilgi almak üzere, A'dan gelen davranışsal gösteriler ve sözlü bilgiyi ortaya çıkarmak için 10 dakikaya sahiptir. (Not: B ve C bilgi seviyesi hakkında sorular sorabilir. Örneğin; psikoloji, temsili sistemler, dil modelleri, T.O.T.E, meta programlar, inançlar vb. model olan beceriyi en kullanışlı bilgi haline getirecek bilgi seviyesini açıklayabilirler.)

3. B ve C açıkça gözlemlerine ve ortaya çıkardıkları bilgilerine dayanarak, A'nın içinde düşündüğü şeyleri yazarlar.

4. B ve C iki betimlemedeki farklılıkları ve benzerlikleri belirleyerek modellerini karşılaştırırlar.

5. Yine A, B ve C, A'nın gösterdiği davranışsal becerinin anahtar elemanlarını oluşturan üçüncü betimlemeyi yapmak için birlikte çalışırlar.

İki alıştırmadan gelen bilginin farklı kalitesine ve dinamiğine dikkat edin.

Alıştırma 3: İkinci ve üçüncü pozisyonun birleşimiyle oluşan modellemenin üstünlüğü

1. A kişisi, kişisel bir araştırma cümlesi ya da üstünlük cümlesi seçer ve gösterir.

2. B kişisi, A'yı içsel olarak ikinci pozisyonu kullanarak modeller.

3. C kişisi, A'yı açık olarak üçüncü pozisyonda modeller. C, inançlar, değerler, metaprogramlar, meta giderleri açıklayan niçin sorularını ve amaçları, kanıtlar ve operasyonları açıklayan (T.O.T.E ayrımları) nasıl sorularını kapsar.

4. A kişisi, şimdi birinci örneğe karşı olacak bir deneyim seçer. (Örneğin; bir şaşkınlık cümlesi)

5. B ve C, yukarıdaki ikinci ve üçüncü basamakları tekrarlarlar.

6. B ve C, A'nın mükemmelliğinin (üstünlüğünün) örnekleri olan modellerini karşılaştırır, betimlemeleri hakkında neyin benzer, neyin farklı olduğunu açıklar.

Grup Modellemesi

Birleşik modelleme, bütün bir gruba genelleştirilebilir. Aşağıdaki alıştırma, üçlü betimlemeyi ve modelleme sürecini içeren bir bütün grubun oluşumunu sağlar.

1. Grup eğitimciden ya da öğrenme veya bilmeye daha ilgili olan bir dış gruptan bir beceri seçer.

2. Grup, A ve B olmak üzere ikiye ayrılır. Model olacak becerinin tanımlarını geliştirmek için A takımı ikinci pozisyonu, B takımı üçüncü pozisyonu kullanır.

3. Model olan kişi becerinin birçok örneklerini sergiler ve her takım temsil ettikleri pozisyonu kullanarak bir betimleme yaratır. Üçüncü pozisyon takımı üyeleri (B) betimlemelerini oluşturmak için farklı ayrım seviyelerini merkez seçebilirler. (Psikoloji, dil örnekleri, kişiye özgü stratejiler, inançlar vb.)

4. Takım temsilcileri takımlarının sonuçlarını (buluş, karar) ve betimlemelerini grubun geri kalanına özetler ve tüm grup betimlemeleri yaygın (genelleştirilmiş) bir modele sentezler.

> **Sizin başarısızlık diye yorumladığınız şey, sadece bir sonuçtur.**

İşler, planladığımız gibi gitmiyorsa, genellikle başarısızlığı düşünürüz. NLP'nin bakış açısına göre olaylar iyi ya da kötü değildir; her şey bir durumdan, bir sonuçtan ibarettir.

Başarısızlık duygusu ve onun yarattığı kendini demotive etme, davranışlarımızı olumsuz yönde etkileyecektir. Başarısızlık kavramını haritanızdan sildiğinizde, yeni olasılık kapıları önünüzde açılacaktır. Diğer insanların vazgeçtiği noktada siz devam etmelisiniz.

Ancak burada başarı kavramına bakmakta yarar var. Sizce başarı nedir? Önünüze koyduğunuz hedeflere ulaşmak mı? Peki sizin başarı olarak düşündüğünüz şey bir başkası için başarı mıdır? Ya da başkalarının başarı olarak algıladığı sonuç, sizin için bir başarı mıdır? Bunları karşılaştırdığınızda başarının herkes için farklı bir şey olduğunu görürsünüz. O halde başarı, bizim beynimizde yarattığımız bir olgudur. Bizim için başarı olan şey, bir başkası için bir durumdan ibarettir. O halde başarısızlık diye düşündüğümüz şey, neden bizim için de bir durumdan ibaret olmasın.

Bunu kabul ettiğimizde olumsuz algılamalarımızın önüne geçerek kendimizi her zaman motive etmiş oluruz. Bu bir kişisel dopingdir. Hatta kendi kendinize yaptığınız bir hiledir.

3.

Başarı Yolunda NLP

Başarı Yolunda NLP

Bu dünyaya gelip istediği koşulları arayan
insanlar, bu koşulları bulamazlarsa
kendileri yaratırlar.
George Bernard Shaw

Başarı kavramını düşündüğünüzde, size birçok yol önerilecektir. Bu önerileri incelediğinizde bir şey dikkatinizi çekecektir: Başarı ya da başarısızlık, her şey sizin elinizdedir. İstediğinizi elde etmek ve başarılı olmak için tek sorumluluk sizdedir. Bunu çok iyi anlayıp değerlendirdikten ve kendinizi anladıktan sonra başarısızlık diye bir şey olamaz.

Başarısızlık yoksa, başarının yolu nerelerden geçer? Bir çok kişiye sorduğunuzda başarı için bir formülün olmadığını, başarılı kabul edilen kişilerin kendilerine özgü davranışlarla başarıyı yakaladıkları söylenir.

Ancak, NLP'nin bakış açısına göre başarı modellenebilir. Bu bakış açısının temelini açıklamadan önce başarı ile ilgili bilinmesi gereken bazı önemli noktaları görmekte yarar var:

⟳ Başarı daha iyiye ulaşmak için sürekli çaba göstermektir.

⟳ Başarıya giden yol sürekli yapım halindedir.

⟳ Başarı, bir sonuç değil, sürekli gelişen bir çalışmadır.

⟳ Başarının ilkeleri vardır.

⟳ Başarılı insanların belli güçleri vardır.

⟳ Başarı sizinle başlar.

⟳ Davranışınız, durumunuzu belirler.

⟳ Başarılı insanların hedefleri vardır.

⟳ Başarı modellenir.

Başarı belirli insanlara özgü bir yetenek olmadığına göre, başarıya giden yol nasıl bir yoldur? Başarı yolunda öncelikle atılması gereken dört adım vardır, buna başarının formülü de diyebiliriz.

1. Adım İstediğin şeyin ne olduğunu belirle.

2. Adım Harekete geç.

3. Adım Attığın adımları kontrol et.

4. Adım Davranışlarında esneklik geliştir.

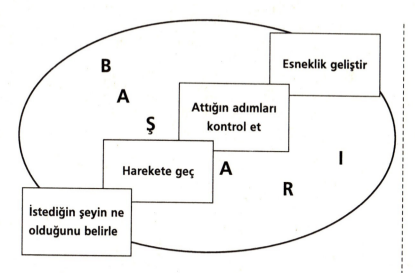

1. İstediğin Şeyin Ne Olduğunu Belirle

Nereye gideceğinizi bilirseniz, rotanızı daha kolay belirleyebilirsiniz. Bunun için nereye gitmek istediğiniz çok önemlidir.

İstediğiniz şey, hedefiniz veya vizyonunuzdur. Vizyon, kendinizi ileride görmek istediğiniz fotoğraftır. Vizyon belirlemede çok bilinen bir kısaltma vardır. Bu kısaltmayı, ister kişisel vizyon ister kurumsal vizyon belirleyin, her zaman aklınızda bulundurmanız gerekir:

Specific (Özel)

Measurable (Ölçülebilir)

Achievable (Ulaşılabilir)

Realistic (Gerçekçi)

Timely (Tam zamanında)

Bunu biraz daha açmak gerekirse, vizyonunuzu belirlerken dikkat etmeniz gereken konular şunlardır:

a. İhtiyaçlarınızı çok net olarak açıklamalıdır.

- Ne istiyorum?
- Neyi değiştirmek istiyorum?
- Neyi değiştirebilirim?
- İstediğim sonuç nedir?
- Farklı yapmak istediğim şey nedir?
- Aklımda bir sonuç var mı? Varsa nedir?

b. Mevcut durumunuzu çok önemli şekilde değiştirmenizi ve geliştirmenizi sağlamalıdır.

- Şimdi neredeyim?
- Değişiklik halinde nereye gideceğim?
- Hangi değişiklik beni memnun edecek?
- Hangi değişiklik istemediğim değişiklik olacak?

c. Vizyonunuz, ulaşılabilir rüyanız olmalıdır.

- Vizyonuma ulaştığımda ne hissedeceğim?
- Vizyonuma ulaşmak için ne yapmam gerekiyor?
- Kendi başıma bunları becerebilecek miyim?
- Önüme nasıl engeller çıkabilir?
- Bu engellerle başedebilir miyim?

d. Hatırlanabilir olmalıdır, en fazla 25 kelimeden oluşmalıdır.

- Vizyonum gerçekte istediğim şeyi ifade ediyor mu?
- Yazdığım vizyonu her zaman söyleyebilir miyim?
- Kullandığım ifadelerde olumlu cümleler var mı?

e. Gelecekte kendinizi görmek istediğiniz fotoğrafı size çok net olarak gösterebilmelidir.

— Elde ettiğim kazancı görebiliyor muyum?

— Elde ettiğim kazanç beni tatmin edecek mi?

f. Değerlerinizle uyumlu olmalıdır. Değerler, yaşantımızda kendimiz için belirlediğimiz ilkelerdir. Değerlerinizi belirlemeniz, yaşamanızın amacını anlamanız, ilişkilerinizde tutarlı olmanız, kişisel vizyonunuza ulaşma yolunda size yol gösterici olması yönünden çok önemlidir.

Değerlerinizi özel hayatınız için, sosyal hayatınız için, aileniz için, toplumsal amaçlarınız için, iş yaşamı için, kişisel gelişiminiz için belirleyebilirsiniz.

2. Harekete Geç

Başlamak bitirmenin yarısıdır derler. Bu ilke, hayalperestlerle başarılı insanların arasındaki farkı gösterir. Başarılı insanlar bir yerden başlayanlardır. Harekete geçen herkes başarılı olacaktır diye bir kural yok, ancak harekete geçmeden bunu göremezsiniz. Dolayısıyla harekete geçmek, başarının yarısıdır derler. Riskleri gözardı etmeden başlamak gereklidir. Bunun için de taktikler ve strateji belirlemek yararlı olacaktır.

3. Attığın Adımları Kontrol Et

Bir önceki adımda, başlamanın öneminden ve riskten bahsetmiştim. Attığınız adımın devamında, sonuçları veya gelişmeleri çok iyi izlemek ve analiz etmek, yürürken dikkat edilecek ikinci önemli adımdır. Hayalcilikten uzak, tamamen gerçekleri düşünerek yürümektir. Burada sezgilerimiz, gözlemciliğimiz, aldığımız geribildirimler çok önemlidir. Sezgilerimizi, gözlemlerimizi, geribildirimleri dikkate alarak şunu görürüz: Attığımız adımlar, davranışlarımız bizi hedefe yaklaştırıyor mu, yoksa uzaklaştırıyor mu?

4. Davranışlarında Esneklik Geliştir

Bir önceki adımın nedeni, ilerlediğiniz yol için belirlediğiniz taktik ve stratejileri her an için değiştirmeniz gerekeceğini bilmenizdir. Attığınız adımların sonuçlarını erken görmek, başarısızlık diye algıladığınız durumdan kurtulmak için taktik değiştirmenizi sağlayacaktır.

Taktik ve stratejilerinizi her an için değiştirmeye, manevra yapmaya, esnek düşünmeye hazır olmalısınız.

Başarı yolundaki bu dört başlık ihmal edilmemesi gereken ana başlıklardır. Bir adımı ihmal ettiğinizde sonuca ulaşamayabilirsiniz.

*H*edef *B*elirlemek

Vizyonu tanımlarken gelecekte ulaşmak istediğiniz fotoğraftır demiştik. Vizyonla hedefin arasındaki fark, vizyonun daha büyük bir gelecek olması, hedeflerin ise büyük geleceğe giden yolda belirlenmiş basamaklar olmasıdır. Bir vizyona ulaşmak için, kısa vadeli, orta vadeli ve uzun vadeli hedefler belirleyebilirsiniz.

Ancak, tıpkı vizyon belirlerken dikkat edilmesi gereken şeyler olduğu gibi, hedefleri belirlerken de dikkat edilmesi gereken başlıklar vardır. Hedeflerinizi belirlerken şu soruların cevaplarını verdiğinizde, ulaşılabilir hedefler belirleyebilirsiniz:

1. Hedefleriniz tam olarak tarif edildi mi?
2. Hedefleriniz başkalarının davranışlarına bağlı olarak mı gerçekleşecek, yoksa siz gidişi denetleyebilecek misiniz?
3. Hedefleriniz başkalarının yardımı ile mi gerçekleşecek, yoksa siz gidişi denetleyebilecek misiniz?

4. Hedeflerinize ulaşmaya çalışırken gerekli olanaklara sahip misiniz ?

5. Hedeflerinize ulaştığınızı nasıl fark edeceksiniz?

6. Hedefleriniz gerçekçi mi?

7. Hedefleriniz neleri etkiliyor?

Şimdi bu başlıkları açalım.

1. Hedefleriniz tam olarak tarif edildi mi?

Hedeflerinizi belirlerken genellemeler yapmak yerine, ne istediğinizi, neye ulaşmak için çabaladığınızı tam olarak tarif etmelisiniz. Bunu yapabilmek için şu andaki durumunuzu çok iyi açıklamalısınız. Şu andaki durumunuzu belirledikten sonra, "Hedefime ulaşınca ne fark edecek?" sorusuna cevap vermeye çalışın.

Bu sorularda ve cevaplarda olabildiğince ayrıntılı olun ve özele inmeye çalışın. Koyduğunuz hedefi basamaklara ayırın ve adım adım ilerleyin.

Hedeflerinizi belirlerken dikkat etmeniz gereken bazı noktalar vardır:

● Hedefinizi olumlu bir şekilde anlatın.

● Hedefinizi bağlamına yerleştirin.

● Hedefinizi duyulara ait terimlerle anlatın.

● Gerçekleştirdiğiniz hedefin sonuçlarını dürüstçe değerlendirin.

● Çabalamaya değer faydalı bir hedef seçin.

Hedefinizi olumlu bir şekilde anlatın. Çocuk eğitiminde yetişkinlere önerilen bir yöntem vardır. Çocuklarınıza tavsiyelerde bulunurken yetişkinlerin kullandıkları kelimelere dikkat etmeleri söylenir. Şöyle ki: Çocuklara "yapma, kırma, gitme, konuşma gibi olumsuz şekilde ifade edilen isteklerin genellikle tam tersi olur. Çünkü beyin olumsuz bildirimlere odaklandığında, o olumsuzluğu gerçekleştirmeye eğilimlidir. Bu durum sadece çocuklar için değil, tüm insanlar için geçerlidir.

Şunu unutmayın: "Bu yıl hiçbir dersten zayıf almayacağım." dediğinizde beyniniz, siz farkında olmadan zayıf almaya doğru yönlenecektir. Bunun için kendinize böyle bir hedef koymuşsanız, bu hedefi şöyle ifade etmelisiniz: "Bu yıl bütün derslerimden iyi not alacağım." Kendinize böyle ifade edilen bir hedef koyduğunuzda beyniniz sizi iyi notlar almaya zorlayacaktır.

Kendinize şöyle bir hedef belirleyebilirsiniz: "Fazla kilolarımdan kurtulmak için, artık abur cubur yemeyeceğim." Bu şekilde ifade ettiğiniz bir hedefiniz varsa, boşuna uğraşıyorsunuz.... Beyniniz abur cubur atıştırmakla ilgili düşünceleri önünüze koyacaktır. Aslında fazla kilo almamak ya da fazla kilolardan kurtulmak gibi bir hedefiniz varsa, bu hedefi şöyle ifade etmelisiniz: "Artık yemek düzenime dikkat edeceğim ve zayıflayacağım." Böyle bir ifade, sizi hedefinize götürecektir. Bu şekilde belirlediğiniz hedeflerinizi bir kağıda not etmeyi de ihmal etmeyin. Olumlu ifadelerle anlatılmış hedeflerinizi kağıda dökmek de bağlayıcı bir unsurdur. Böylelikle kendinizi hedeflerinize ulaşma konusunda zorunlu hissedersiniz.

Hedefinizi bağlamına yerleştirin. Sonuca ulaştığınızda, bu sonuç gerçekçi olmalıdır. Soyut ve anlamsız imajlarla zihninizi dolduramazsınız. Hedefinizi bağlamına yerleştirmek için, kendinize "ne, ne zaman, nerede, kim" kelimeleri ile başlayan sorular sorun. Elde etmek istediğiniz şeyleri, gerçek hayatınız içinde hayal ettiğiniz zaman, bu hedef daha anlamlı olacaktır.

Hedefinizi duyulara ait terimlerle ifade edin. Hedefiniz gerçekleştiği zaman, göreceğiniz, duyacağınız, hissedeceğiniz şey ne olacak? Kendinizi, hedefinizi gerçekleştirdikten sonraki durumda hayal edin. Ne göreceksiniz? Ne duyacaksınız? Ne hissedeceksiniz?

Gerçekleştirdiğiniz hedefin sonuçlarını dürüstçe değerlendirin. Gerçekleştirdiğiniz hedeflerde kazançlarınız yanında kayıplarınız varsa, bunları objektif biçimde değerlendirmeyi anlatır. Kazandıklarınız yanında, bazı kayıplarınız da olabilir. Burada yapmanız gereken karşılaştırma, mevcut durumunuzla, hedefinize ulaştığınız durum arasındaki farkı çok iyi analiz etmektir. Başarısızlık duygusuna benzer bir duygu yaşıyor musunuz?

Çabalamaya değer faydalı bir hedef seçin. Belirlediğiniz hedefin, uzun vadeli amaçlarınızla ne kadar bağlantılı olduğunu düşünün.

2. Hedefleriniz başkalarının davranışlarına bağlı olarak mı gerçekleşecek, yoksa siz gidişi denetleyebilecek misiniz?

Belirlemiş olduğunuz hedeflerin gerçekleşmesi için, sizin çabanızın, başkalarının yapacağı katkıdan daha çok olması gerekir. Koyduğunuz hedefe ulaşmak için, başkalarının davranışlarının sonucunu beklerseniz, bu hedef koymak değil, işinizi şansa bırakmaktır.

Bir başka kişinin başarısızlığı temeline oturmuş hedef, o kişinin başarılı olması halinde, sizin başarısızlığınız demektir. Burada dikkat edilmesi gereken ikinci nokta, kullandığınız dildir. Başarısızlık halinde, sorumluluğu yükleyecek bir kişi ve bir olay düşünürsek kullandığımız dil sadece kendi dışımızdaki etkenleri suçlamak üzerinedir.

Kişisel kariyerimin dönüm noktası, hedeflerimi düşünürken hep başkalarının davranışlarına bağlı olduğumu farkettiğim gündür. Bir kitapta okuduğum şu cümle beni uyandırmıştı: "Sizi başkalarının yönlendirmesine izin vermeyin."

Bunu farkettiğim gün, davranışlarımı değiştirmeye karar vermiştim. O güne kadar, hedefleri olan, vizyoner biri olduğumu düşünüyordum. Gerçekten de öyleydim. Ancak bir hata nedeniyle yürüyemiyordum, ama neden yürüyemediğimi bilemiyordum. O gün birilerinin beni yönlendirdiğini, benim ilerleme için sadece beklediğimi görmüştüm. O günden sonra yolumu sadece kendim yönlendirdim. Şu anda da başarılı olduğumu düşünüyorum.

Hedeflerinize ulaşmaya çalışırken gerekli olanaklara sahip misiniz?

Hedeflerinize doğru ilerlerken kullanacağınız kaynakları ifade eder. Bu kaynaklar, sağlık durumunuz, zekanız, gücünüz, eğitiminiz, bilginiz, maddi gücünüz, çevreniz, dostlarınız olabilir. Hedefle hayalin farkı, hedeflerin gerçekçi temellere oturtulmasıdır.

Hedeflerinize ulaştığınızı nasıl fark edeceksiniz?

Hedeflerinizi gerçekleştirdiğinizi gösterecek somut kanıtları not alırsanız, hedefleriniz ölçülebilir ve gerçek hedefler halini alır. Bunu görmek için kendinize aşağıdaki soruları sorabilirsiniz. Vereceğiniz cevaplar sonuca ulaşıp ulaşmadığınızı size gösterecektir:

- Hedefim gerçekleşseydi ne olmazdı?
- Hedefim gerçekleşseydi ne olurdu?
- Hedefim gerçekleşmeseydi ne olmazdı?
- Hedefim gerçekleşmeseydi ne olurdu?

Hedefleriniz gerçekçi mi?

Hedefiniz ile elinizdeki kaynaklar arasındaki oran nedir? Eğer hedefiniz, kaynaklarınızdan yüksekte ise, sizi zorlayacak olan nedir? Belki çıtayı alçaltmanız gerekecektir. Ya da tam tersi, hedefiniz kaynaklarından aşağıda olabilir. O zaman çıtayı yükseltmeniz gerekebilir.

Hedefleriniz neleri etkiliyor?

Burada kastedilen, hedeflerinizin hayatınızdaki diğer amaçlarla olan ilişkisini düşünmenizi sağlamaktır. Bir hedefe doğru giderken, kazandıklarınız yanında kaybedeceklerinizi de göz önüne almanız gerektiğini anlatır. Bunları anlamak için şu soruların cevaplarını vermeniz hedeflerle kayıplarınızı dengelemenize yardım edecektir:

- Bir hedefe ulaşmak için harcadığınız çaba ve zaman, sosyal ilişkilerinizi; ailenizle, arkadaşlarınızla, hobilerinizle ilgilenmenizi nasıl etkiliyor?

- Bu ilişkileri ihmal etmenize neden olacak hedefe ulaştığınızda ilişkileriniz eski halini alabilecek mi?

- Hedefe ulaşmanın verdiği mutluluk, başka mutluluklarınızı engelleyecek mi?

- Hedeflerle ilişkilerinizi dengede tutmak için neler yapmanız gerekecek?

4.

Başarıyı Getiren Davranışlar

Başarıyı Getiren Davranışlar

Başarı için bilinmesi gereken temel düşünce; insanların başarıya ulaşmak için ihtiyaçları olan her şeye sahip olduklarıdır. Herkesin farklı yeteneği vardır, ancak yetenekler geliştirilebilir, NLP'nin önermesi de budur. Thomas Wolf'un dediği gibi "Eğer bir insanın yeteneği varsa ve onu kullanmayı öğrenmişse, düşünemeyeceği kadar başarılı olur ve çok insanın bilebileceği bir zafer ve tatmini yaşar." Yeter ki başarıya giden yolun nereden geçtiğini bilsinler.

Başarının Formülü

Başarı için söylenmiş sözler:

- ♋ Başarı, olağanüstü insanlara saklanan bir hediye değildir.
- ♋ Herkes başarılı olabilir, yeter ki kararlı olsun ve hayal gücünü iyi kullansın.

✤ Çalışan kadın ve erkeklerin çoğu, potansiyellerinin farkında değildir, çünkü çevrelerindeki fırsatları nasıl değerlendireceklerini bilmezler.

✤ İş hayatında ilerleme, sadece çok çalışma ile değil, aklın da kullanılması ile sağlanır.

✤ Çok başarılı olan kişi, problemlerle karşılaştığında kara kara düşünmez onları çözmeye koyulur.

✤ Başarının hayal gücü ve çalışma olmadan elde edilebileceğini söylemek yanıltıcı olur.

✤ Eğer bir insanın yeteneği varsa ve onu kullanmayı öğrenmişse, düşünemiyeceği kadar başarılı olur ve çok insanın bilebileceği bir zafer ve tatmini yaşar.

✤ Yaşam bulduğunuz değil yarattığınızdır.

✤ İki şeyle birlikte doğarsınız: Varoluşunuz ve fırsatlar. Bunlar, başarılı bir yaşamı kuracağınız malzemelerdir.

✤ Bir zihniniz var; onu kullanmak elinizde, paslandırmakda. Bir bedeniniz var; formda kalmak da , güçten düşmek de size bağlı. Size yılda 365 gün verilmiş, bu günleri kullanmak da, boşuna harcamak da elinizde.

✤ Yapamayacağınız tek şey çaba harcamaksızın başarılı olabilmektir.

✤ Başarı, üç şeyin bir araya gelmesiyle elde edilir. Dikkatli düşünce, çok çalışma ve yetenekleri en iyi şekilde kullanma.

✤ Bir düzine satış elemanını yan yana dizin ve hangisinin başarılı , hangisinin vasat, hangisinin başarısız olduğunu sorun. Alelade bir gözlemci yanıt veremeyecektir. Fark, onların içindeki insandadır. Fark tutumlarında , kendilerini işlerine adamalarında, konsantrasyonlarında ve işlerine olan katkılarındadır. Performanslarındaki gelişme, yüzde yirmiden büyük olamaz, fakat işte o yüzde yirmi kazanan taraftır.

֍ Beyin bedeni yöneten yasalara tabidir. Onun çürümesine karşı koyun ve geliştirin.

֍ Hazırlıklı olmak yeteneğe yardım eder. Eğer önünüzdeki on iki ayı, iş çevresi hakkında bir şeyler öğrenerek geçirirseniz, performansınız gelişip, güven ve yeteneğiniz artmaz mı? İş hayatındaki daha büyük fırsatlar hep şu anda yaptığımız işi daha iyi yapmanıza bağlıdır.

֍ Toplantılara, üzerinde tartışılan konuya ait düşünceler ileri sürerek girin ve dikkatli hazırlanmış öneriler getirin, böylece kendinizi ilerlemeye başlayan biri olarak göreceksiniz.

֍ Kazanan taraftaki kişiler yaptıkları işi sevenlerdir.

֍ Başarıyı nerede yakalayabileceğinizi düşünün.

֍ Kolayca ulaşılan bir amaca hemen kapılmayın; daha iyisi için çalışın.

֍ Eğer yaptığınız işe inanıyorsanız ve bu size heyecan verebiliyorsa, en önemlisi bunu, işin ötesinde bir fırsat (hatta bir macera) olarak görüyorsanız, başarılı olma şansınız kesinlikle çok yüksektir.

֍ Gözünüzü çok yukarılara dikmek akıllıca değildir, ama aşağılarda kalmak da felakettir.

֍ İş dünyasında ileri gitmiş, rakiplerine üstünlük sağlamış insanlar, kendi alanlarında uzmandırlar.

֍ Alanınızda bir uzman olun.

֍ Mesleğinde lider olan insanları araştırarak, konuyla ilgili bulabileceğiniz her şeyi okuyun.

֍ Kendi mesleğinin her konusuna hakim olan ve soruları sakin bir şekilde yanıtlayan bir uzman, yağmur kadar ferahlatıcıdır.

֍ Kendimize düşünmek için zaman ayırmalıyız. Sadece acil problemleri değil uzun vadeli amaçları, kişisel fırsatları ve geleceğimizi de düşünebileceğimiz zamanlar ayırmalıyız.

℧ Birçok şeyin aksine beyin eskimez. Tam tersine kullanıldıkça gelişir. Beyninizde egzersiz programına başladığınızda, bedeninize davrandığınız gibi davranın. Yapamayacağı şeyleri isteyerek onu disipline alıştırın ve tabii ki beyninizi besleyin.

℧ Entelektüel olarak formda kalın. Çok okuyun, bu hayatınızı genişleterek kazanan taraf olmanızı sağlayacaktır.

℧ Sorununuzu üstünkörü bir incelemeden sonra, sonuçların gelmesini beklemeyin. İşinizin başına dönün ve problemi aklınızdan çıkarın. Onu bilinçaltınıza gönderin, burada problem üzerinde yirmi dört saat çalışacak ve yanıtı verecektir.

℧ Bulunduğunuz yerin kaderiniz olduğuna ve onu aşamayacağınıza ne kadar inanırsanız inanın, yanılıyorsunuzdur. Tutum ve alışkanlıklarınızı değiştirerek, yaşamınızı oldukça geliştirebilirsiniz. Çoğumuz yaptığımızdan daha fazlasını başaracak kapasitedeyiz ve hayatta birçok şeyi, kapasitemizin altında olan şeyleri yaptığımız için kaçırmışızdır.

℧ Şu anda olduğumuzdan daha iyi olabileceğimizi söylemek boş bir slogan değildir.

℧ Başarılı insanların tek özellikleri, kendilerini biraz daha kararlı bir şekilde işlerine veriyor ya da biraz daha fazla çalışıyor ve sorumluluklarını biraz daha çok düşünüyor olmalarıdır.

℧ Hiçbir şey size işinizi bilmek kadar güven veremez.

℧ Olağanüstü yetenekler bir tarafa bırakılacak olursa, başarının onda dokuzu tek bir şeye bağlıdır: Çok çalışmak.

❧ Kendinizi değerlendirin, sıra değişikliklere geldiğinde ise ilk olarak daha basit gibi görünen problemlerle uğraşın. Bunu başardığınızda ilk adımı geçmiş olmanın verdiği cesaretle daha zor problemlere hazır olursunuz.

❧ Başarıyı tehdit eden en önemli şeylerden birisi, çok arkadaşa sahip olmak, yani sosyalliktir. Eğer iş yaşamında başarılı olmak istiyorsak ödenecek bir bedeli vardır: O da sosyal yaşam ve aktivitelerden biraz kısıntı yapmak.

❧ İnsanlar hakkında ani yargılar çoğunlukla hatalıdır.

❧ Kendinizi değerlendirirken sadece giyimle değil, bedenin diliyle de bir şeyler söylediğinizi unutmayın. İstediğinizi giyin, ancak unutmayın ki bıraktığınız görsel izlenim, yararınıza ya da zararınıza olabilir. Herkes hal ve tavırları ile kendisi hakkında bir şeyler söyler.

❧ Birçok insan doğallık ve kararlılıktan etkilenir.

❧ Büyük düşünün ve kendinizi vazgeçilmez kılın , size gereksinim duyulmasını sağlayarak sınırsız bir başarıyı elde edebilirsiniz.

❧ İşinizi iyi bilmeniz gerekir . Eğer işinizi iyi bilmiyorsanız, amaçsızca çalışacak ve sonunda işi bırakacaksınız, çünkü bu çalışmanız sizi bir yere götürmez.

❧ Yaptığınız işlere sadece zaman ve kaslarınızı değil, beyninizi de verirseniz, katkınız ve ödülünüz de o oranda artar.

❧ İş dünyasında en çok para kazananlar; yetenekleri, eylemleri ve yargıları ile çalıştıkları şirketlere faydalı olanlardır.

❧ Şirketin yapısı üzerine kafa yorarken bir müttefik arayın.

❧ Şirketinizin neyi nasıl yaptığını öğrenerek işe başlayın. Ancak bu şekilde ihtiyaçlarının ne olduğunu anlayabilirsiniz.

✤ İş dünyasında en değerli yetenek, başarıyı garanti eden özellik, iyi karar verebilmektir. İyi karar verebilmekse zamanla öğrenilen bir yetenektir.

✤ Dört tip problem vardır: Problem olmayanlar, kolay problemler, acil problemler ve temel problemler.

✤ Karar vermede dört aşama vardır: Durumu tanımlama (bilgi), yardım alma (danışma), harekete geçme (uygulama), bekleme (sonuç).

✤ Hiçbir temel problem analiz edilmeden çözülmez. Problemin ne olduğunu bilmiyorsanız çözemezsiniz.

✤ En iyi beyne ve tarihin en iyi fikirlerine sahip olabilirsiniz, ama bu fikirleri başkalarına iletmedikçe başarılı olamazsınız. Düşünceleriniz başkalarına iletilmedikçe, sadece sizin olarak kalacaklardır. Düşüncelerinizin yararlı olması için başkalarına da anlatılması gerekir.

✤ İnsan ilişkilerinde hiçbir şey, iletişim kadar önemli değildir.

✤ İş hayatında kötü iletişim başarısızlık demektir; insanlarla iyi iletişim kurmayı öğrenirseniz başarının yolu açılır.

✤ İletişim kurma yeteneğiniz verimliliğinizi artırırken bu konudaki başarısızlığınız, sizi ortalama bir insan yapar.

✤ İletişim kuramama, iş dünyasında ciddi bir problemdir. Eğer ilerlemek istiyorsanız, iletişimsizliğe son vermelisiniz.

Başarı için söylenmiş bu ve benzeri sözleri incelediğinizde, başarının bir formülü olabileceğini tahmin edersiniz. Başarının iki aşaması vardır: Hazırlık ve Eylem.

Hazırlık aşaması; kendini tanıma, amaçları belirleme, plan yapma ve strateji belirleme adımlarından oluşur.

Eylem aşaması; harekete geçme, davranışları kontrol etme ve sonuç alma adımlarından oluşur.

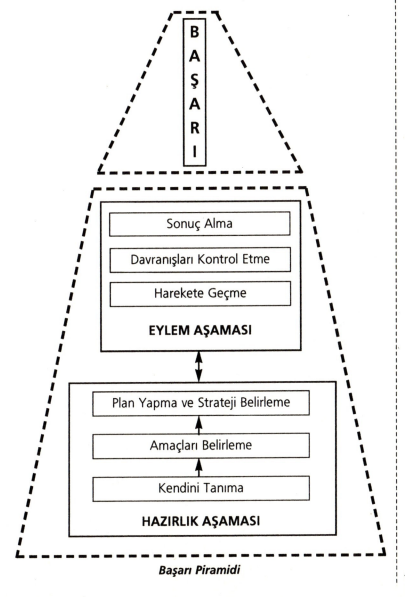

Başarı Piramidi

Başarının davranış formülünü verdikten sonra, başarılı kişilerin kişilik özelliklerine bakalım. Başarılı kişileri incelediğimizde dört boyutta ele alabileceğimizi görürüz. Bunlar; inanç, bilgi, beceri ve kişiliktir.

İnanç

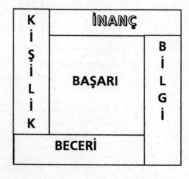

Başarmayı yeterince istiyorsanız ve çok çalışmaya hazırsanız, başarmamanız için hiçbir neden yok. Ön koşul yapabileceğinize inanmaktır.

Başarıya giden yolun başlangıç noktası inançtır. Başarı yolu, inandıktan sonra; istediğiniz sonuçları bilmek, başarmak için harekete geçmek ve başarıyı yakalayana kadar değişmek için gerekli esnekliği göstermekle devam eder.

İnanç kelimesini duyduğumuzda aklımıza dini bir kavram gelir. Ancak inancın gerçek anlamı; hayatımıza anlam kazandıran ve yönlendiren bir düşünce, yargı, hırs veya ilkedir. John Stuart Mills "İnançlı bir kişinin gücü, sadece ilgi duyan doksan dokuz kişinin gücüne eşittir." diyor. NLP'nin temel varsayımlarını anlatırken "Sizin gerçeğiniz, gerçek durumu yansıtmaz." demiştik. Bu cümle, NLP'deki "Harita, bölgenin kendisi değildir." ilkesinin başka bir ifadesidir.

Bir şeyin gerçek olduğuna inandığınızda, onu tam anlamıyla gerçek olarak kabul eden bir duruma girersiniz. İnançlar da etkili kullanıldıklarında iyi bir yaşamın yaratılması için en güçlü araçlar haline gelebilir. İnsan davranışlarını yönlendiren en güçlü silah, inançtır. Davranışları değiştiren yolun başlangıcı inanç ile başlar.

Birçok hastalığın tedavisinde, doktorların önerisi, hastanın moralinin yüksek tutulması ve iyileşeceğine inanması ve inandırılmasıdır. Tıp hastalıkların iyileştirilmesinde inancı ciddi ve bilinçli olarak kullanıyor.

Beş yıl kadar önce bir iş arkadaşımın, amansız bir hastalık karşısındaki tutumunu şaşkınlık ve takdirle izlemiştim. Arkadaşım, kan kanseri olmuştu. Daha bir hafta önce birlikte iş seyahati yaptığım arkadaşımın hastalığını duyduğumda çok üzülmüştüm. Ziyarete gitmem gerekiyordu, ama ona ne diyeceğimi bilemiyordum. Bir süre ziyarete gitmedim. Ancak bir gün kan ihtiyacı olduğunda gitmek zorunda kalmıştım. (Defalarca kan vermiş biri olmama rağmen ilk kez kan vermek bana zor geliyordu.)

Arkadaşımı görmeden kan vermeyi düşündüm. Ancak, hastanede laboratuvar için gerekli belgeyi arkadaşımdan almam gerektiği için yanına gitmem gerekiyordu. Hiç istemesem de arkadaşımın yanına gittim. Halen ne diyeceğimi bilemiyordum.

Yattığı katta odasını ararken duyduğum bir ses, adımı haykırıyordu. Sesin geldiği yöne döndüğümde arkadaşımı gördüm. Onu gördüğümde, bir anda kafamdaki karamsar düşüncelerin uçup gittiğini farkettim. Karşımda gülen bir yüz, bana uzanmış bir el vardı. Sokakta yürürken karşılaşmış gibiydik. Hoşbeşten sonra, ona hastalığı ile ilgili bir şeyler söylemek istediğimi anlamış olacak ki; "Mehmet, üzülme!" dedi. "Bu hastalığı ben yeneceğim." Ben onu teselli edecekken, o bana teselli veriyordu. Kolay değil, hastalık çok ciddi. "Kendini avutuyor." diye geçirdim içimden. Yine de "Bugün teknoloji ilerledi, her şeyin çaresi var. Yeter ki sen moralini hep böyle tut. Bana moral verdin." dedim.

Yanından ayrıldığımda, arkadaşımın içinde bulunduğu hal beni çok şaşırtmıştı. Yine de benim için çok üzücüydü. Ben "Kendisini avutuyor, ama inşallah iyileşir." şeklinde düşünmeye devam ediyordum.

Ne oldu biliyor musunuz? Uzunca bir tedavi dönemi sonunda arkadaşımız iş yerine, aramıza döndü.

Hem tedavisi sırasında gelişmeleri gördükçe, hem de sonucu gördükten sonra, zaten inandığım, inanmanın gücüne bir kez daha inanmıştım.

Gerçekten de inanç, bir işi yapmanın anahtarıdır. İnanan insanın başaracağını çok iyi biliyorum. Virgil'in dediği gibi; "Yapabilirler, çünkü yapacaklarını düşünüyorlar." Tıpta bazı ilaçlar hiçbir yararı olmadığı halde, çare olarak hastalara sunuluyor. Birçok durumda da başarılı sonuçlar alınıyor. Burada ilaçların hiçbir gücü yok, ancak ilaçları kullananların zihin gücü kendini gösteriyor.

İnancı bilinçli olarak kullanabiliriz. Başarı inancı, insanları başarı yolunda güçlendirecektir. Başarısızlık inancı, insanları başarısızlığa yönlendirecektir. Başaracağınızı söylerseniz başarırsınız. Başaramayacağınızı söylerseniz başaramazsınız. İki durumda da haklı olan sizsiniz. Emin olun, iki durumda da düşündüğünüzü yapacaksınız.

Burada sorun, sizin için hangi tür inançların lehinize olacağına karar vermektir. Başarılı veya mükemmel olmak istiyorsak, başarılı ve mükemmel insanların inançlarını modellemek zorundayız. Başarıya götüren inançları modellemek ve inançların kaynağına inmekte yarar var.

İnancın Kaynakları

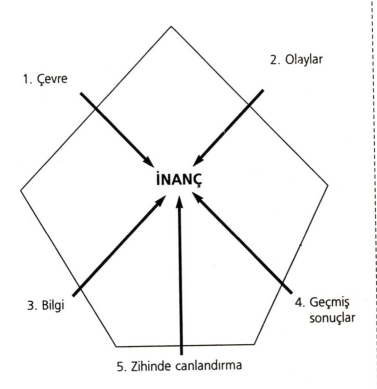

İnancın Birinci Kaynağı Olarak Çevre

Çevre, en dar anlamıyla aile çevresinden başlayarak, yaşadığımız ülkeyi de içine alan geniş bir yelpazeyi kapsar. Ancak etkileşim en yakın çevreden başlayarak en uzak çevreye doğru gittikçe azalır. Çocukluğumuzdan başlayarak, yetişkin olana kadar çeşitli çevrelere girer çıkarız. İçinde bulunduğumuz bütün ortamlar, bilgimizi, görüşlerimizi, inançlarımızı geliştirmemize ve değiştirmemize yolaçar.

Çevremiz bizi şekillendiren ilk unsurlardan biridir. Aile terbiyesi, iyi arkadaş, kötü arkadaş, iyi eğitim almış olmak gibi kavramlar, çevrenin bir tanımıdır aslında. Bulunduğumuz bu çevreler, inançlarımızı da derinden etkiler. Bunun için, hedeflerimiz doğrultusunda, inançlarımızı değiştirmek istiyorsak, bulunduğumuz çevreyi de dikkatli olarak incelemek, rol modellerimizi bulacağımız çevreyi aramak durumunda kalabiliriz.

Bu her zaman mümkün müdür? Olanaklara bağlı olabilir. Ancak, bir hedefe gözünü dikenler ve hedeflerine doğru ısrarla yürüyenler, istedikleri çevreye bir şekilde ulaşabilirler.

İnancın İkinci Kaynağı Olarak Olaylar

Hepimizin hayatında unutamadığı olaylar vardır. Bu olaylar, düşüncelerimizi ve inançlarımızı etkiler. Böyle önemli gördüğümüz olayları birçoğumuz tarihleri ile hatırlatırız.

"Bir serencam, bin nasihatten iyidir." der bir atasözümüz. İnançlarımızı geliştirmek için, çoğu zaman bir olay, okunacak onlarca kitaptan daha iyi etki yapar.

İnancın Üçüncü Kaynağı Olarak Bilmek

Bilginin önemi hakkında çok söz söylemenin anlamı yok aslında. Hayatı anlamaya başladığımız günden beri hep bilginin önemi anlatılmıştır. Bilgiye yaşayarak, dinleyerek, okuyarak, film ve TV izleyerek, internetle... sayamayacağınız kadar çok yolla ulaşırız.

İnancın Dördüncü Kaynağı Olarak Geçmiş Olaylar

Bir inancı geliştirmenin en iyi yollarından biri; bir şeyi yapmak için gereken ilk deneyimi yaşamaktır. Bir şeyi yapabileceğimizi bir kez gördükten sonra, ikinci üçüncü denemelerimizde daha cesur oluruz. Çünkü yapabileceğimize inanmış oluruz.

İnancın Beşinci Kaynağı Zihinde Canlandırma

Duygu ve düşüncelerimizin oluşumunu "Beynin Çalışması" başlığı altında anlatmıştık. Üst başlıkta geçmişteki olayların inancınızı değiştireceğini söylemiştik. Aynı şekilde geleceği zihninizde canlandırmak da inancınızı pekiştirir. İstediğiniz sonucu zihninizde açık olarak görüntüleyip, kendi kendinize

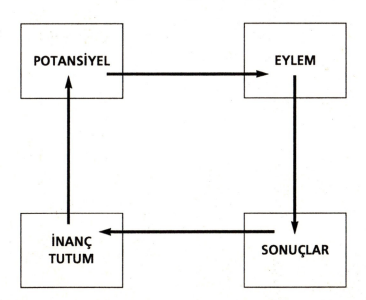

onu başarmış gibi temsil ederseniz, sonuca ulaşmanızı sağlayacak durumların içine girersiniz.

Başarı süreci; inançla başlar, davranış ve tutumlarla geliştirilir, potansiyelin büyük bir oranını kullanır, harekete geçirir ve sonuca ulaşmakla biter.

*B*ilgi

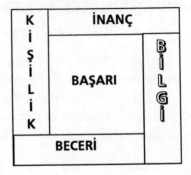

Başarmanın önemli dinamiklerinden birisi de bilgidir. İnancın yanında, neyi bildiğiniz de önemlidir. Bilgilerin bazıları teoriye, bazıları pratiğe bağlıdır. Ancak başarılı insanlar, neleri bilmeleri gerektiğini araştırır ve öğrenirler. Başarılı insanlar neleri bilirler?

Bir durumla ilgili gerçekleri; geçmişini, daha önce ne olduğunu, bunun ne ifade ettiğini bilmeniz ve anlamanız gerekecektir. Tepkilerinizi ve dürtülerinizi anlamak için kendinizi tanımanız gerekir. Bu açılardan bilinçli olmak, kendinizi veya içinde bulunduğunuz şartları değiştirebilme yeteneklerinizi güçlendirecektir.

✤ Başarısızlık kavramını tanımazlar, başarıya odaklanmayı bilirler.

✤ Etkili konuşmayı öğrenirler.

✤ İkna becerilerini geliştirirler.

✤ Öğrenme yöntemlerini öğrenirler.

✤ Bilgiye ulaşmayı ve alınan bilgiyi değerlendirmeyi öğrenirler.

✤ Olayları iyimser bir gözle yorumlamayı bilirler.

✤ Amaç belirlemenin önemini ve yöntemini bilirler.

✤ Zaman yönetimini öğrenirler.

✤ Doğru karar vermenin yöntemlerini araştırırlar.

✤ Liderlik özelliklerini geliştirmek için araştırma yaparlar.

✤ Gündelik işlerin yarattığı stresten korunma ve kurtulma yollarını öğrenirler.

✤ Çalışmanın başarıdaki önemini bilirler.

✤ Problem çözümü ve çatışma yönetimini öğrenir ve uygularlar.

✤ İletişim tekniklerini ve insanlarla iyi geçinmenin yollarını bilirler.

✤ Fırsatları görmek için olaylara "nasıl bakmaları gerektiğini" bilirler.

✤ Cesaretli ve özgüvenli davranışların başarı üzerindeki gücünü bilirler.

✤ Kararlı olmanın başarıdaki önemini bilirler

✤ Kendilerini ve yaptıkları işi sürekli geliştirirler.

✤ Plan yapmanın ve planlı yaşamanın başarı için gerekli olduğunu bilirler.

✤ Para kazanmanın ve harcamanın yollarını bilirler.

✤ Başkalarının başarı ve deneyimlerinden faydalanmanın ne kadar faydalı bir iş olduğunu bilirler.

✤ Yaratıcılığın başarıyı nasıl körüklediğini bilirler. Kendi potansiyellerini harekete geçirmenin yollarını öğrenirler.

✤ Özlü sözlerin insanlar üzerindeki yapıcı etkisini bilirler.

✤ Sağlıklarını korumak için uyulması gereken kuralları bilirler ve bunlara uygun yaşarlar.

✤ Sunuş ve satış becerileri gelişmiştir.

✤ Geliştirme ve iyileştirme projeleri yaratırlar.

✤ Motivasyonun önemini bilirler. Motivasyonu nasıl arttırabileceklerini araştırır, öğrenir ve kullanırlar.

✤ Doğru, sistemli ve etkin düşünmenin yollarını araştırırlar, öğrenmeye çalışırlar.

✤ Kendilerini ve başkalarını değerlendirirken aktivitelere değil, sonuçlara bakarlar.

✤ Kaynakları en iyi hangi şekilde değerlendirebileceklerini araştırırlar.

✤ Bilgilerini arttırmanın, güncel kalmanın yollarını araştırarak öğrenirler.

✤ Geleceğe yönelik düşünmenin önemini ve yöntemlerini bilirler.

Bilgi, bu kadar önemli ise, bilgiye en iyi şekilde nasıl ulaşabiliriz? Nasıl daha iyi öğrenebiliriz?

Yetişkinler Nasıl Öğrenir? (Andragoji)

Bu soruya dört farklı cevap vermek mümkündür.

1. **Biyolojik Tanım:** Biyolojik anlamda üretken yaşa erişildiğinde yetişkin olunur. Bu anlamda ergenlik çağından itibaren yetişkin olunur.

2. **Toplumsal Tanım:** Toplumsal olarak tam zamanlı çalışan, eş, anne- baba,yurttaş, seçmen, benzeri rolleri yerine getirmeye başlandığı zamandan itibaren toplumsal anlamda yetişkin olunur.

3. **Yasal Tanım:** Yasaların oy kullanılabileceğini, sürücü belgesi alınabileceğini, başkalarının rızası olmaksızın evlenilebileceğini ve benzeri yasal hakların elde edilebildiği yaş olarak belirlediği yaş yasal olarak yetişkin olunan yaştır.

4. **Psikolojik Tanım:** Psikolojik olarak yaşamımızdan sorumlu olma, öz yönetimli olmaya ilişkin benlik kavramına eriştiğimiz zaman yetişkin oluyoruz. Öğrenme açısında can alıcı olan psikolojik tanımdır. Bireyler kendilerini temelde öz yönetimli olarak algıladıkları noktada psikolojik anlamda yetişkin sayılırlar. Bireyin kendini öz yönetimli olarak algılaması yanında diğer insanlar tarafından da böyle algılanmaya gereksinimi vardır. Öz yönetimdeki artış, bireyin yaşadığı toplum ve kültür gereklerine göre çeşitlilik gösterir. Çoğu zaman tam zamanlı bir işte çalışmak, evlenmek veya bir aile kurana kadar öz yönetimliliğe ilişkin tam bir benlik kavramına sahip olunamayabilir.

Psikolojik anlamda yetişkin, andragojik modelin öznesidir. Yetişkin ile ilgili olarak ortaya atılan varsayımlar, pedagojik eğitim modelinin çocuklar ile ilgili olarak öne sürdüğü varsayımlardan çok farklıdır.

Andragoji, pedagojinin karşıtı olarak yetişkinler ile ilgilenir. Psikolojik olarak yetişkin olan birey andragojinin öznesidir. İnsanın fiziksel büyümesine, biyolojik ve psikolojik değişimine bağlı olarak öğrenmesinde de değişiklik olacağı, bununla birlikte psikolojik olarak yetişkin olan veya bu yolda ilerlemekte olan bireye pedagojik modele dayalı eğitim vermenin doğru olmayacağı tezi ile andragoji doğmuştur. Andragoji kelime anlamı olarak yetişkin eğitimidir. 1920'li yılların ikinci yarısından itibaren yetişkinlerin öğrenebildiği ve çocuklardan farklı ilgilere ve yeteneklere sahip oldukları kanıtlanmaya başlanmıştır. 1940'a kadar pek çok psikolog ve bilimadamı yetişkin öğrenmesi ile ilgili olarak kavramlar, ilkeler ortaya atmıştır. Yetişkin öğrenmesine ilişkin anlayışlar, kavramlar araştırma bulguları 1949 yılında "Olgun Akıl" (Harry Overstreet) adlı eserin yayınlanmasıyla biraraya getirilmiş oldu. Yetişkin öğrenme modelinde de, pedagojik öğrenme modelinde olduğu gibi çeşitli varsayımlar vardır.

1968 yılında Malcolm Knowles'in öncülük ettiği, yetişkinlere öğrenmelerinde yardımcı olan sanat ve bilim olan andragoji, çalışma ortamında öğrenmeyi organize etmede kullanışlı bir fikirsel temeldir. Bu demek değildir ki, bazı özel durumlarda pedagojik modelin unsurlarının kullanıldığı zamanlar yoktur. Bununla birlikte, genellikle yetişkinlerin etkin öğrenmelirinin tasarımında bu öğrenme teorisini (andragoji) kullanışlı bir rehber olarak görüyoruz.

Bu modelin, geleneksel pedagojik modelden temelde farklı olarak bazı varsayımları vardır. Yetişkinler, bu teorinin temeli olan ve aşağıda belirtilen konularda gençlerden farklıdırlar:

1. **Bilme İhtiyacı:** Yetişkinler bir şeye başlamadan önce, konu hakkında bilgi sahibi olmak isterler.

2. **Kendi Görüşü:** Yetişkinler, kendi yaşamları ve kararlarından sorumlu olma yetenekleri hakkında konuşma ihtiyacı duyarlar.

3. **Yaşam Deneyimi:** Yetişkinler, hem nicelik (quantity – toplam deneyimin yıl olarak fazla olması) hem nitelik (kalite – ebeveyn, eş, çalışan vb. rollerin fazla olması) olarak çocuklardan farklılıklara sahiptir.

4. **Öğrenmeye Hazır Olma:** Yetişkinler, yaşam zorluklarına göğüs germek için kendilerine yardım edecek konuma gelirler.

5. **Öğrenmeye Yönlenim:** Yetişkinler, yaşamlarını kolaylaştırmak ve daha verimli olmak için kendilerini yönlendirirler, dolayısıyla konu merkezli çocuklara oranla sorun ve görev merkezlidirler.

6. **Öğrenme Motivasyonu:** Yetişkinler, temelde motivasyonu iç güçleri ile elde ederler. (Gelişmiş öz saygı ve iyi yaşam kalitesine ihtiyaç duyarlar.) Normal yetişkinlerin çoğu gelişmek isterler, fakat geleneksel sınıflarda öz saygılarını kaybetmekten ya da öğrenci olmaktan korktukları için gelişme deneyimlerini engellerler.

Malcolm Knowles'ın çalışmasına göre yetişkin öğreniminin sırları ve eğitim tasarımı:

1. Yetişkinler kendilerini yönlendirdiklerini düşünürler ve başkalarını da aynı şekilde görmek isterler. Dolayısıyla...

... açık iletişimi teşvik etmek için deneyimlerini dikkatle şekillendirmeye ihtiyaçları vardır.

... "öğreticiler" öğrenenlere kaynak veya kolaylaştırıcı olma ihtiyacı duyarlar.

... içerik, olması gereken yerine, gerçek dünya senaryosu üzerine kurulmalıdır.

... mümkünse, öğrenim programı planlamasına, hedef kitleden temsilciler dahil edilmelidir.

... eğitimi hazırlayanın değerlendirmesinden ziyade, öz değerlendirme unsurlarının katılmasına ihtiyaç vardır.

... eğitmenlerin, kendileri ile aynı deneyime sahip katılımcılara karşı "küçümseyici ya da alay edici" konuşmaları önlenmelidir.

2. Yetişkinler, kendilerini tanımladıkları zengin bir yaşam deneyimi getirirler. Dolayısıyla...

... konu ile ilgili bilgilerin kullanılmasına ilişkin teknikler çok etkilidir. (Case study, simulasyon vb)

... eğitim tasarımcıları, istenen sonuçlarla ilgili olarak aynı ortamdaki katılımcıların geçmiş deneyimlerini bilmelidir.

... yetişkinlere güvenli bir öğrenme ortamı hazırlamada yapılan hatalar, gerçek öğrenme fırsatlarıdır.

... katılımcıların geçmiş deneyimlerinin geçerliliği, yeni bilgilerle birleştirilmesi açısından çok önemlidir.

... yeni bilgiler, öğrenmenin gerçekleşmesi için zaten bilinenlerle birleştirilmelidir.

... bilinenlerin, yeni bilgilerle ters düştüğü durumlarda hedefin gerçekleşmesi için, öğrenmenin şekillendirilmesine özel önem verilme ihtiyacı vardır.

3. Bilgiler sosyal ve iş yaşamı için yararlıysa, yetişkinler daha iyi öğrenirler. Dolayısıyla...

... eğitim tasarımcıları, alanın ihtiyaçlarını daha iyi tanımlayabilmek için katılımcılarla birlikte çalışmalıdırlar.

... iş ve aile yaşamı ya da diğer rollerinde başarma yeteneği veya olumsuz sonuçları önleme yeteneği ile ilgili bilgileri bilmek, katılımcı ihtiyacının geçerliliğinin temel taşıdır.

... yetişkinler "öğrenme ihtiyacı"nın farkına vardıklarında öğrenme zirveye çıkacaktır.

... yetişkin öğrenenler kendi öğrenme ihtiyaçlarını tanımlayacak en iyi kişilerdir.

4. Yetişkin öğrenenler konu yönelimli değildir, bunun yerine sonuç veya sorun odaklıdırlar. Dolayısıyla...

... teorik temelli bilgiler, yetişkinlerin yaşamlarında karar almak için ihtiyacı olan şeyleri bilmesine bağlı olmalı ve kısa tutulmalıdır.

... yetişkin öğrenimi faktörleri ile ilgili olarak "kullanmazsanız kaybedersiniz" atasözünü hatırlayın.

... performans danışmanları, yetişkinlerin iş yaşamındaki ihtiyaçlarını karşılamalarına yardımcı olmak için, ihtiyaçları olan şeyleri öğrenmeye başlangıçtan bitişe kadar çok fazla zaman harcarlar.

... öğrenme deneyimleri, yetişkinlere öğrendiklerini gerçek yaşamda veya anlamlı simulasyonlarda denemelerle uygulama fırsatı verme ihtiyacı duyar.

... yetişkinler, bilgileri kullandıktan ve kendilerine yardımcı olacağını algıladıktan sonra bilgi ile birleşir ve öğrenir.

... sorun odaklı öğrenmeyi kolaylaştıracak bir yaklaşım, yetişkinlerin karşı karşıya kalması olası durumları anlatan vak'a çalışmaları dahil edilmelidir.

Pedagojik öğrenme modelinde olduğu gibi, andragojik öğrenme modelinde de varsayımlar vardır:

• Varsayım 1: Benlik Kavramı

Yetişkinler kendi kararları ve kendi yaşamları için sorumlu olma biçiminde benlik algısına sahiptir. Diğer insanların kendi isteklerini dayatmalarına içerlerler ve direnç gösterirler.Bu günlük yaşamda var olan bir durumdur. Buna karşı yetişkinler öğrenme, eğitim veya eşanlamlı herhangi bir deyimle adlandırılmış etkinliğe girdiklerinde önceki okul yaşantılarındaki koşullanmalarına kulak verirler. Bağımlılık şapkasını kafalarına takarlar, kollarını kavuştururlar, geriye yaslanırlar ve "Bana öğret." derler. Yaşamlarının başka alanlarında kesinlikle öz yönetimli olan yetişkinler geçmiş eğitim yaşantılarının getirdiği alışkanlıkla eğitim ortamında iken ne yapmaları gerektiğinin onlara söylenmesini beklerler. Yetişkinlerin öz yönetimli benlik kavramı geliştirmelerinin yetişkin eğitiminde sonuçları şunlardır:

• **Öğrenme Ortamı**

Yetişkinlerin sahip olduğu öz yönetimli benlik kavramının yetişkin eğitiminde öğrenme ortamına etkisi şöyledir. Yetişkin kendini rahat hissedeceği fiziksel çevrede öğrenmek ister. Ortamın ışık, ses, oturma düzeni ve havalandırma düzeni yetişkinlere uygun olmalıdır. Psikolojik ortam ise, yetişkin kendinin kabul edildiğini, saygı duyulduğunu ve desteklendiğini hissettiği bir ortam da olmalıdır. Yetişkin bu ortamda ceza görme, gülünç olma korkusunu duymadan anlatım özgürlüğü bulabilmelidir. Geleneksel okulun formal, hiyerarşik yapısından uzak olarak; informel, dostça, kişilerin biricik bireyler olarak görüldüğü, adlarıyla hitap edildiği bir ortam oluşturulmalıdır.

• **Gereksinimlerin Tanımlanması**

Yetişkin öğrenenlerin, öğrenme gereksinmelerini kendilerinin tanımlaması söz konusudur. Bunu yaparken içinde bulunduğu örgütten destek alabilir. Çoğu zaman, ihtiyacın saptanmasında danışman, kariyer planlama uzmanı, insan kaynakları yöneticisi gibi ikinci kişiler önemli rol oynar. Eğitim ihtiyacının saptanmasında iş analizi, kariyer planları, performans değerlendirmeleri kullanılabilir. Yapılan gözlem ve uygulanan anketlerde hangi konularda bilgi, beceri veya tutum geliştirmeye ihtiyaç duyulduğu hakkında bilgi alınır. Var olan durum ile istenen durum arasındaki boşluk ihtiyaç olarak tanımlanır. Bu boşluğun tanımlanmasında çoğu zaman eğitim faaliyetleri kullanılmaktadır. Önemli bir yeri olan eğitim faaliyetlerinin gereksinimlere cevap vermesi için eğitim ihtiyaç analizinin doğru yapılması gerekmektedir. Var olan sorunun tam anlamıyla insani yönü olmalıdır. Yani çalışanın bilgi beceri veya tutumlarında değişime bağlı olarak sorunun giderileceğinden emin olunmalıdır. Teknolojik veya örgüte bağlı olarak ortaya çıkan sorunları eğitim faaliyetleri ile gidermek mümkün değildir. Bu boşa zaman, para ve emek harcamaktır. Yeterli düzeyde yapılmayan ihtiyaç analizlerinin yarattığı kayıplar azımsanmayacak kadar çoktur.

Amerika'da petrol arama şirketlerinden birinde petrol pompalama sorunu yaşanır. Bu sorun karşısında şirket, o bölgede çalışanların yetersizlikleri olduğu sonucuna vararak eğitim faaliyetleri düzenler. Sonuçta değişme olmaz ve sorun devam eder. Derinlemesine araştırma yapılır ve sonunda aslında pompalama için kullanılan petrol borularının yeterli genişlikte olmadığı ve sorunun bundan kaynaklandığı ortaya çıkar. İhtiyaçlar; teknik, iletişim, moral, ekip çalışması, teknolojik gelişime uyum şeklinde olabileceği gibi kişisel gelişim, motivasyon türünde de olabilir.

İhtiyaçların saptanmasında, kişiye ve çalıştığı kuruma büyük görevler düşmektedir. Kişi ihtiyacını saptadığı zaman bu konudaki isteklerini bağlı bulunduğu kurum ile paylaşmalıdır. Kurum, çalışanların gereksinmelerini saptadığında bunları çalışanlarla paylaşarak onlarla uzlaşmaya varmalıdır.

• Planlama Süreci

Yetişkin öğrenicilerin ortaya çıkardıkları gereksinimler veya kurum tarafından ortaya çıkarılan gereksinimler doğrultusunda planlama süreci başlar. Bu konuda öğretici, yöntem için rehber; içerik için kaynak oluşturur. Öğrenici sayısı 30'un altında ise planlama sürecine doğrudan katılmaları uygundur. Buna karşın öğrenci sayısı 30'u aştığında temsilci kurullar, komiteler, takımlar seçilmesi uygundur.

• Öğrenme Yaşantılarının Yönetimi

Yetişkin öğrenmesinde öğrenici ve öğrenmeye yardımcı olan kişi karşılıklı sorumluluk alır. Kolaylaştırıcı, (öğrenmeye yardımcı olan kişi) öğrenme için uygun ortam ve gerekli kaynak oluşmasına yardım eder.

• Öğrenmenin Değerlendirilmesi

Yetişkin öğrenmesinde, öğrenmenin gerçekleşip gerçekleşmediği sınav, sözlü vs.. ile sınanmaz. Bunun yerine yetişkinin kendi kendini değerlendirmesi önerilir. Yetişkin kendi öğrenme gereksinimine bağlı olarak oluşturduğu öğrenme amaçlarına ne kadar ulaştığı ile ilgili kanıtlar toplar. Kişi buna göre kendi öğrenmesi ile ilgili bilgi sahibi olur. Önemli olan budur. Kişinin eğitim gördüğü konu ile ilgili olarak yetkin olduğunu düşünmesi andragojik bir değerlendirme tarzıdır. Tersi de olabilir. Öğrendiği çözüm yollarını, sorun karşısında uygulayamadığı için kendini öğrenmemiş olarak değerlendiren kişi de andragojiye uygun değerlendirme yapmış demektir.

• Varsayım 2: Deneyimin Rolü

Yetişkin birey, eğitim faaliyetlerine gençlerden hem daha büyük hem de daha farklı nitelikteki yaşantı birikimi ile gelir. Yaşantının nicelik ve niteliğindeki bu farklar yetişkin eğitimi için çeşitli sonuçlar ortaya koyar.

• Bireysel Farklılıklar

Yetişkinler grubunda, gençler grubuna oranla daha geniş bireysel farklılıklar alanı olur. Yetişkinler grubu; öğrenme tarzı, güdülenme, gereksinimler, geçmiş yaşantılar, ilgiler ve hedefler bakımından gençler grubuna göre daha heterojendir.

• **Katılım**

En zengin öğrenme kaynaklarının yetişkin öğrenenlerin kendilerinde var olması, buna bağlı olarak grup tartışması, benzetim, problem çözme etkinlikleri, örnek olay yöntemi gibi katılım ve deneyimlerin ortaya çıkmasını sağlayan teknikler, yetişkin öğreniminde aktarımcı tekniklere göre daha etkilidir. Öğrenenlerin yaşantılarını değerli görmenin, önem vermenin diğer bir nedeni de öğrenenlerin kendilerine ilişkin düşünceleridir. Kendi deneyimlerinin, düşüncelerinin hiçe sayılması, kendi kişiliklerinin de hiçe sayılması olarak kabul edilir. Çocuklar, ben kimliklerini dışsal tanımlayıcılardan çıkarırlar. Dışsal tanımlayıcılar, anne-baba, kardeş, nerede oturdukları, okulları ile ilgilidir. Olgulaştıkça birey, kendini tanımlarken, kendi sahip olduğu deneyimler bakımından tanımlar. Çocuk kendini tanıtırken , Ahmet Acar'ın oğluyum, Ayşe Ünsal'ın kızıyım, marketin karşısında oturuyoruz gibi cevaplar verir.

Yetişkinler için ise yaşantıları, kim olduklarıdır. Yetişkinler kendilerini tanıtırken, meslekleriyle, çalıştıları yer ile, neler başardıkları ile, eğitimlerinin ne olduğu ile, zevk aldıkları aktivitelerin ne olduğu ile ilgilenirler. Yani yetişkin eğitiminde, eğitime katılan yetişkinlerin bilgi, beceri ve geçmiş yaşantılarını gözardı etmek, bunları eğitime katmalarını engelleyen tutum içine girmek tepki yaratır. Kişiliğe yapılan hakaret olarak algılanır. Katılım, yetişkin eğitiminde anahtar sözcüktür. Yetişkinin öğrenme sürecindeki rolü ne kadar etkinse öğrenme de o ölçüde fazla olur.

• **Uygulamanın Önemi**

Yetişkinler öğrendiklerini saklamak yerine gündelik yaşamlarına uygulama eğilimindedirler. Bu nedenle eğitimlerde genelde uygulanabilirliği yüksek olan şeyleri ön plana çıkarmak önemlidir.

Yetişkinler ile gençler arasındaki deneyimsel farklılıklardan söz ettikten sonra andragojik varsayımlara devam edelim.

• Varsayım 3: Öğrenmeye Hazır Olma

Yetişkinler, kendi gerçek yaşam durumları ile etkili olarak başa çıkabilmek için bilmeye ve yapabilmeye gereksinim duydukları şeyleri öğrenmeye hazır olurlar. Öğrenmeye hazır olmanın kaynağı gelişim görevleridir. Gelişim görevleri, insan yaşamının özel dönemlerinde sahip olunması gereken beceriler, yetenekler veya görevlerdir. Gelişim görevleri, zihinsel, duygusal veya toplumsal olabilirler. Ayrıca çocukluğa ait, ergenliğe ait, yetişkinliğe ait gelişim görevleri farklılık gösterir. Bireyin yaşamında belirli bir dönemde ya da o dönem konusunda başarılması bireyin mutluluğuna ve sonraki görevleri başarmasına rehberlik eden, başarılmaması bireyde mutsuzluğa, toplumca onaylanmamaya ve sonraki görevlerde güçlük çekmeye yol açan bu gelişim görevlerine örnek vermek gerekirse; orta yaşın gelişim görevleri, yaşamak için ekonomik standart oluşturma, ergen çocuklara sorumlu ve mutlu yetişkinler olmada yardım etme, orta yaşın fizyolojik değişimlerini kabul etme ve bunlara uyum sağlama olarak sıralanabilir. Yaşlılık döneminde de gelişim görevleri vardır. Bunlar; emekliliğe ve gelir azalmasına uyum sağlama, fiziksel güçteki ve sağlıktaki düşüşe uyum sağlama olarak sıralanabilir. Örneğin oturma çağına gelmiş bir bebeğin oturması, konuşma çağına gelmiş çocuğun konuşması da gelişim görevlerine örnek verilebilir. Yetişkinlerin öğrenmeye hazır oluşlarının eğitim için iki önemli çıktısı vardır.

• Öğrenme Zamanlaması

Yetişkinlerin öğrenmesinde, öğretim programlarının gelişim görevlerine göre zamanlanması gerekmektedir. İşe yeni alınan çalışan için hazırlanmış olan tanıtım toplantısında konuşmayı iş yerinin tarihçesi ile giriş yapıp iş yerinin politikaları, misyonu ve vizyonunu anlatarak sonlandırmak doğru değildir. İşe yeni giren insanların yaşadıkları kaygılara, sorulara öncelik vermeli; örnek olarak nerede çalışacakları, kiminle çalışacakları, işletmenin beklentilerinin neler olduğu, nasıl giyinildiği, disiplinin nasıl işlediği gibi gerçekte duydukları kaygılara da öncelik verilmelidir.

• *Öğrencileri Gruplama*

Gelişim görevleri anlayışı, öğrencilerin gruplanması konusunda da rehberlik etmiştir. Bazı öğrenme türleri vardır ki; bunlarda gelişim görevine uygun homojen gruplar daha etkili olmaktadır. Çocuk bakımı programında, genç ana-babalar ergenlik çağında çocukları olan ana-babalardan farklı konulara ilgi duyarlar. Bazı öğrenme türleri ise heterojen gruplar ile daha başarılı olmaktadır. İnsan ilişkileri ile ilgili bir eğitim programında değişik meslek, yaş, kurum ve cinsiyetten kişilerin bir arada olması daha yararlıdır.

• Varsayım 4: Öğrenmeye Yönelim

Çocukların ve gençlerin öğrenmeye yönelimi konu merkezlidir. Buna karşın yetişkinlerin öğrenmeye yönelimleri yaşam merkezli, sorun merkezli ve görev merkezlidir. Yetişkinler bir şey öğrenmenin görevlerini yerine getirmede, kendi yaşam durumlarında karşılaştıkları sorunlarla başa çıkmada kendilerine yardımcı olacağını algıladıkları ölçüde enerjilerini öğrenmeye verirler. Yetişkinler ile gençlerin ve çocukların öğrenmeye yönelimlerindeki farklılıklarının eğitim için sonuçları şöyledir.

• **Yetişkin Eğitimcilerinin Yönelimi**

Çocukların eğitiminde konunun mantığına ve karmaşıklık düzeyine göre derece derece ilerlemek zorunda iken; yetişkin eğitiminde bireyin temel kaygılarından hareketle, bunlara yönelik olarak başlangıçlar yapmak uygundur.

• **Öğretim Programlarının Düzenlenmesi**

Yetişkinlere yönelik öğretim programı düzenlemenin temel ilkesi konuya değil; sorun alanlarına yönelik olmaktır. Çocuklara kompozisyon, güzel yazı yazma adlı dersler verilirken, bu derslerde dil bilgisi kuralları ve yazma üslubuna odaklanılır. Andragojik uygulamada ise "iş mektubu yazma", "referans mektubu yazma", "rapor hazırlama" gibi çalışmalar yapılır.

• **Deneyim Deseni**

Pedagojik etkinlikte "Bu ders ne hakkındadır?" "Bu dersin içeriği nedir?" soruları zihinde yer alırken; yetişkinlerin sorun yönelimli olmaları nedeniyle "Bu dersten ne kazanacağım?" "Bana ne yararı olacak?" "Nerede kullanacağım?"gibi sorular zihinlerde yer alır.

• Varsayım 5: Güdülenme

Çocuklar, ödül, takdir gibi dışsal güdüleyicilere karşı yanıt verici iken; yetişkinler dışsal güdüleyiciler olan daha iyi iş, terfi, yüksek ücrete yanıt vermekle birlikte; öz saygı, yaşam kalitesi, yüksek iş doyumu gibi içsel güdüleyicilere önem vermektedirler. Andragojik yaklaşıma göre temel öğrenme yeteneğinin yaşam boyunca bozulmadan kalması nedeniyle yetişkinler de öğrenebilir. Yetişkin birey, öğrenme durumlarında istediği performansı gösteremiyorsa bunun başka nedenleri vardır. Bunlar:

* Önyargılar

Resmi eğitimden uzaklaşan yetişkinlerde öğrenme yeteneklerinin azaldığı şeklinde ön yargılar oluşur. Bu önyargılar kendine güvensizliği oluşturur. Sonuçta öğrenmeye kendilerini vermeleri engellenir.

* Fizyolojik Değişimler

Görme, işitme, tepki hızında yaşa bağlı olarak düşmeler olabilir. Bu ve benzeri fizyolojik değişimler için önlemler alınmadığında öğrenme engellenebilir. Eğitim ortamı hazırlanırken bunlar göz önünde bulundurulmalıdır. Eğitim süresi de bu değişimlere bağlı olarak planlanmalıdır. Oturma planı, koltuklar, ışık ve ses düzeni yetişkinlerin fizyolojik değişimlerine uygun olmalıdır. Ayrıca psikolojik ortamda yetişkinler için kabul edilebilir olmalıdır. Gurur kırıcı, onları arkadaşları veya tanımadıkları insanlar içinde zor, gülünç duruma düşürücü davranışlardan kaçınılmalıdır. Tepki hızında yaşa bağlı olarak oluşan değişimler konusunda bilgisayar oyunlarında çocuklar ile yetişkinleri kıyaslayabiliriz. Çocuklar hedefi çok çabuk fark eder ve hedefi yok eder. Buna karşın, yetişkin ana baba oyuna heveslenip "Ver birazda ben yok edeyim." dediğinde; çocuk "Ya baba! Gördün mü bir sürü hedefi kaçırdın, puan kaybediyorum" diye isyan eder. Bilgisayar oyunlarında zamanında ve hızlı tepki vermek önemlidir. Çocukların tepki hızları yetişkinlerden daha hızlıdır. Andragoji süreç temelli bir yaklaşımdır. Pedagojide merkezde bulunan öğretmen, andragojide danışman, öğrenme kolaylaştırıcısı, değişim ajanı, rehber adını alır. Değişim ile sınırlı kalmaz, rol de değişir. Öğrenmeye yardımcı olan kişinin görevi katılımcılarla birlikte içeriğin oluşturulması ve planlanması, öğrenme gereksinimlerinin tanımlanması, program amaçlarının oluşturulması ve uygun teknik-materyalleri belirleme; sonuçta öğrenme çıktılarını değerlendirme olarak tanımlanmaktadır.

Öğrenme konusunda teorik bilgilerden sonra, uygulamada öğrenmeyi nasıl öğreneceksiniz? Öğrenme konusuna girerken, öğrenme döngüsünü açıklamakta yarar var.

Aşağıdaki şekilde de gördüğünüz gibi öğrenme 4 aşamalı bir döngüden oluşur.

1. Aşama: Bilinçsiz Yetersizlik:

Bu aşamada kişi, bilmediğini bilmemektedir. Yani bir bilgiyi kullanma ihtiyacı duymadığı için, o konudaki yetersizliğinin farkında değildir.

2. Aşama: Bilinçli Yetersizlik:

Bu aşamada kişi, bilgiyi bilmediğini farketmiştir. Yani bir bilgiye ihtiyacı olmuştur. Fakat artık bu bilgiden yoksun olduğunun ve bilgiyi elde etme ihtiyacının farkına varmıştır.

3. Aşama: Bilinçli Yeterlilik:

Bu aşamada kişi, ihtiyacı olan bilgiye ulaşmıştır. İkinci aşamadaki bilinç yine vardır. Ancak yetersizlik, yeterliliğe dönüşmüştür ve bilgiyi nasıl kullanacağını bilmektedir. Kişi hem bilgiye ve yeterliliğe sahip olmuştur hem de bunun farkındadır.

4. Aşama: Bilinçsiz Yeterlilik:

Bu aşamada kişi, elde ettiği bilgide ve bu bilgiyi kullanmakta ustalaşmıştır. Artık bilgiyi kullanırken öyle ustalaşmıştır ki, bilgiye sahip olduğunu ve onu kullandığını düşünmemektedir. Bilgiye dayalı eylemi düşünmeden, bilinçsizce ve refleksleriyle kullanmaktadır. Artık kişi o bilgi ile ilgili süreci tamamlamıştır. Ama halen birçok konu hakkında yetersizdir. Süreç, bir başka bilgi için ikinci adımda tekrar başlayacaktır. İnsan yaşamı boyunca bu süreci binlerce, belki milyonlarca kez tekrarlayacaktır.

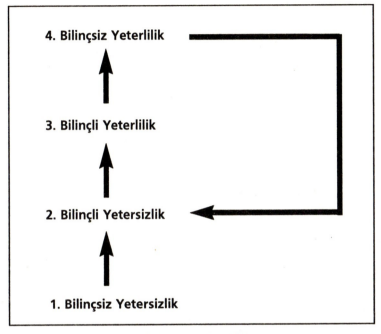

4. Bilinçsiz Yeterlilik

3. Bilinçli Yeterlilik

2. Bilinçli Yetersizlik

1. Bilinçsiz Yetersizlik

Öğrenme Döngüsü

Etkili öğrenme konusunda yazdığımız bir makalemizde (Eğitim ve Bilim Dergisi, Aralık 1999, Sayı 15, "Yapabileceğinizi Düşünüyorsanız Yapabilirsiniz" adlı makale), etkili öğrenme yöntemlerini şöyle anlatmıştık:

"Hemen her gün duyduğumuz sözler vardır: "Çağımız bilgi çağı." derler. "Gelecek, bilgiye ulaşan ve onu kullananlarındır." derler. Bu ve benzeri sözleri çoğaltmak mümkün. Ama değişmeyen bir gerçek var ki, o da; bilginin çok önemli olması. Winston Churchil'in dediği gibi "Geleceğin imparatorları, düşüncenin imparatorlarıdır."

Biz, önce kendimiz adına, sonra yakın çevremiz adına ve sonuçta içinde yaşadığımız toplum ve insanlık adına "imparator" olmak istiyorsak, bilgiye ulaşmak zorundayız. Bilgiye ulaşmak ise önce öğrenmeyi bilmekle gerçekleşecektir. Öğrenmeyi bilmenin bir sistematiğe bağlı olması gerektiğini belirtmek için, "öğrenen insan" kavramını açıklamak gerektiğini düşünüyorum.. "Öğrenen İnsan", yaşam boyu öğrenen insandır. Öğrencilik döneminde geliştireceğiniz öğrenme becerileri yaşamınız boyunca sadık bir dostunuz olarak yanınızda olacaktır. Şunu unutmayın ki, öğrenme sürecinin sonu yoktur ve çok iyi bir üniversite öğreniminden sonra, çok iyi bir işe girseniz bile öğrenme süreciniz devam edecektir. Bunun için, öğrenmeyi çok iyi öğrenmeli ve gerçek anlamda "Öğrenen İnsan" olmalısınız. "Öğrenen İnsan" dört aşamada gerçekleşecektir. Bu aşamalar

a. Kendinizi tanıma

b. Zihinsel hazırlık

c. Fizyolojik hazırlık

d. Etkin öğrenmedir

a. Kendinizi Tanıma

Bu aşama, gitmek istediğiniz adrese (yani ulaşmak istediğiniz hedeflere) göre hangi konumda bulunduğunuzu görmenize yarayacaktır. Bulunduğunuz yeri bilemezseniz, gideceğiniz yeri kestirmeniz çok zor olacaktır. Bunun içindir ki, hedeflerinize ulaşmak için önce kendinizi tanımanız gerekiyor. Kendinizi tanımayı altı değişik yönden ele alacağız:

1. Kişiliğiniz ve Davranışlarınız: Kim olmak istediğinizi değil, şu anda gerçekten kim olduğunuzu değerlendirin. Düşünce, duygu, tavır ve davranışlarınızı değerlendirirken, kendinize karşı dürüst olun. Aşağıda vereceğim özelliklerden ve kendini yönetme becerilerinden size uyanların hepsini işaretleyin. İşaretlediğiniz özellikleri arkadaşlarınızla kontrol edin, onların sizi nasıl gördüklerini anlayın. Burada yazılmayan, ama sizin kendinizde gördüğünüz özellikler varsa, onları da listeye ekleyin. Benim vereceğim özellikler şunlardır:

Yaptığım işe konsantre olurum, istekliyim, işimi dakik olarak yaparım, strese dayanıklıyım, arkadaş canlısıyım, yanlış yapmamaya özen gösteririm, iyi huyluyum, sakinim, uyum sağlarım, yardımseverim, makulüm, macerayı severim, dürüstüm, gerçekçiyim, saldırganım, mizahi düşünürüm, hırslıyım, hayal gücüm kuvvetlidir, güvenilir birisiyim, analitik düşünürüm, bağımsızlığı severim, kendimi farkettirmem, varlığımı hissettiririm, zekiyim, kültürlüyüm, ayrıntılara dikkat ederim, icatçıyım, sorumluluk alırım, sistemli çalışırım, nazik birisiyim, risk alırım, ağırbaşlıyım, kendimden eminim, dikkatliyim, mantıklıyım, kendime hakimim, tedbirliyim, sadık birisiyim, duygusalım, neşeliyim, olgunum, samimiyim, yetenekliyim, titizim, sosyalim, rekabetçiyim, alçak gönüllüyüm, istikrarlıyım, kendimi motive ederim, destekleyiciyim, insaflıyım, açık fikirliyim, tutucuyum, iyimserim, öğreticiyim, tutarlıyım, organizeyim, yılgınlığa düşmem, yaratıcıyım, sempatik birisiyim, işimi tam yaparım, meraklıyım, sabırlıyım, anlayışlıyım, diplomatik birisiyim, sebatkarım, dayanıklıyım, ağzım sıkıdır, ikna ediciyim, güvenirim, güvenilir birisiyim, verimliyim, kaygısızım, dengeliyim, halden anlarım, duygusalım, hassas ve titizim, her işi yapabilirim, gelişen ve ilerici birisiyim.

Seçtiğiniz özelliklerden, kendinizde en güçlü gördüğünüz beş tanesini seçin ve bunları örnekleyerek başarıyla nasıl kullandığınızı yazın.

Ayrıca dünyayı, içinizde ve dışınızda nasıl yaşadığınızı, bilgileri nasıl aldığınızı, kararlarınızı nasıl verdiğinizi, hangi ortamlarda rahat ettiğinizi göz önüne alarak kişilik tercihlerinizi düşünün.

Dünya ile etkileşiminizi nasıl sağlıyorsunuz? Çoğu zaman insanların yanında iken enerji verici olurum, boş zamanlarımı yalnız geçirmeye ihtiyacım var, sesli düşünürüm, konuşmadan önce söyleyeceklerimi düşünmek için zamana ihtiyacım var, kişisel bilgilerimi başkaları ile rahatça paylaşırım, vb.

Bilgiyi nasıl elde ediyorsunuz? Beş duyu organımı kullanarak, konsantre olarak, soyut ve somut olanı ayırarak, olaylara anlamları ve sonuçları yönünden bakarak, vb.

Kararlarınızı nasıl alıyorsunuz? Mantıklı ve objektif analizlerle, değerlerimle, bana ve başka insanlara göre doğrulukları açısından, her şey için bir standart kullanmayı yeğlerim, vb.

Tercih ettiğiniz çevre nedir? Düzenli bir yaşam sürülen bir çevre, kendiliğinden gelişen yaşam tarzı, hayatı kontrol etmektense anlamak, vb.

2. Becerileriniz: Becerileri üç grupta toplamak yararlı olacaktır.

Birinci grup; özel bir iş için gerekli olan uzmanlık becerileridir. Bunlar, bilgisayar programı yapabilme, istatistikleri analiz etme, makina tasarımı yapma, futbol hakemliği yapma, belirli ekipmanı onarabilme gibi becerilerdir.

İkinci grup; iletişim ve insan ilişkileri becerileridir. Bunlar; yazılı ve sözlü iletişim ile insanlarla ilişkilerimizi belirleyen becerilerdir ve iş yaşamına atıldığınız zaman, ne iş yaparsanız yapın önünüze çıkacaktır.

Üçüncü grup; bir çok alanda gerekecek olan becerilerdir. Bunlar; organize etme, planlama, problem çözme gibi becerilerdir.

Bu beceriler konusunda kendinizi görebilmek için, her üç gruptaki becerilerinizi:

a. Uzmanlık

b. İletişim ve insan ilişkileri

c. Genel beceriler

başlıkları altında yazın. Her grubun altına örneğin 5 tane becerinizi yazın. Daha sonra toplam 15 beceri içinden kullanmayı en çok istediğiniz 5 tanesini seçin. Her beceriyi kullandığınızda oluşan olumlu duygu ve durumları yazın. Burada en önemli anahtar, geleceğinizin geçmiş deneyimleriniz üzerine kurulmasıdır. İçinizde var olan başarı ve olumlu deneyimleri anlamanız çok önemlidir. Onlar gelecekte izlemek istediğiniz yolu aklınıza getirme olasılığı en fazla olanlardır.

Bütün bunları toparlamak için, aşağıdaki soruları cevaplandırarak "Yaşam Deneyimi Profili"nizi çıkartın. Bu profilde göreceğiniz en önemli parçalar, sevdiğiniz ve kazandığınız başarılarınızıdır:

- Ne yaptım?

- Ne öğrendim?

- Nelerden hoşlandım?

- Neleri sevmedim?

- Neyi başardım?

- İnsanlar benim için övgüde bulundular mı?.

3. **Bilginiz ve Öğrenme Tarzınız:** Belirli bir yaşa gelinceye kadar öğrendiklerinizin neler olduğunu ve bunları nasıl elde ettiğinizi bilmeniz gerekiyor. Çünkü bunları bilmekle güçlü ve zayıf yönlerinizi öğreneceksiniz. Öğrendikleriniz sonucunda elde etmiş olduğunuz bilgileri şu başlıklar altında toplayın ve bir değerlendirme yapın:

a. En iyi olduğunuz alan

b. Seçimleriniz

c. En çok ve en az sevdiğiniz konular, bunların nedenleri

d. Diplomalarınız, sertifikalarınız, almış olduğunuz ödüller

Öğrenme tarzınız, sizi öğrenme durumlarındaki davranışlara ve bilgi işlemenin karakteristik yollarına götürecektir. Bilgi çağı denilen günümüzde düşünme ve problem çözme becerilerinizi geliştirmek için, kişisel tarzınızın bilincinde olmanız, sizin güçlü ve zayıf yönlerinizi keşfetmenize yardımcı olacaktır. Öğrenme ile ilgili araç ve çevreleri şöyle sıralayabiliriz: Okul birbirini izleyen küçük adımlarla bir süreci tamamlama, sakin bir ortamda yalnız çalışma, gürültülü ortamda grup çalışması, zihninizde resim şekillendirme, bir nesneye dokunma, bilgisayar, alan çalışması, vaka çalışması, diyaloglar, rol oynama, boş zamanları değerlendirme, interaktif multi medya, simulasyon, günlük tutma, yazdığınız materyallerin gözden geçirilmesi, çeşitli öğrenme rehberleri, film, oyun, öğrenilen bir şey hakkında deney yapma, deneyi yapılan bir şey hakkında bilgi toplama.

4. Değerleriniz: "Değer" kelimesi ile anlatmak istediğim, yaşadığınız anda ve gelecekte yaşamınıza yön vermek için hissettiğiniz şeyler ve bunların topluma yapacağı katkıdır. Değerleriniz için örnek olabilecek başlıklar olarak şunları verebilirim: Sosyal çalışmalar yapmak, insanlara yardım etmek, rekabetçi olmak, yalnız çalışmak, karar verme gücünü elinde bulundurmak, baskı altında (zamanın sınırlı olması ve kısıtlı olanaklar) çalışmak, toplumu etkileme, bilgiyi kovalama, işinde ustalık, yaratıcılık, sanat, estetik, din, tanınma, heyecan, macera, fiziksel ve zihni yeterlilik, kendi programını yapabilme, düzenli ders çalışma alışkanlığı.

Bu listeden seçme yapabileceğiniz gibi, elbette kendi değerlerinizi tesbit edebilirsiniz. Ama değerlerinizi kesinlikle yazılı hale getirin ki, kendinize ve başkalarına karşı bunun sorumluluğunu hissedin.

5. Mesleki İlgi Alanlarınız: Gelecekteki mesleğinize yön verecek rehberlerden biri, ilgi alanlarınızı bilmektir. İlgi alanlarınızı bilerek çalışmalarınızı nereye yönlendireceğinize karar verebilirsiniz. Bu alanları şu başlıklar altında açabiliriz:

Realist: Pratik ve somut çalışmalardan hoşlanan insanlar içindir. Kendi fiziksel becerileriyle kullandıkları araç ve makinalarla çalışmaktan hoşlanırlar. (Mekanik, inşaat, askeri çalışmalar)

Araştırmacı: Zihinsel ve bilimsel uğraşlardan hoşlanan insanlar içindir. Bilgi toplama, bilinmeyen gerçekler ve teoriler ortaya çıkarma alanlarını kapsar. Bilgileri toplama ve analiz etmeyi severler. (Akademik araştırmalar, sağlık hizmetleri, bilgisayar endüstrisi)

Sanatsal: Estetik kaliteyi değerlendirme ve kendisini ifade etmeyi seven insanlar içindir. Kurallarla boğulmamış ve organize olmamış esnek çevreleri tercih ederler. (Müzik, tiyatro, şiir veya hikâye yazma, kütüphanecilik)

Sosyal: İnsanlarla birlikte çalışmaktan, yardımlaşmaktan, zincirleme görevlerde paylaşımdan ve bu ilişkileri geliştirmekten hoşlanan insanlar içindir. (Öğretme, danışmanlık, eğlence ile ilgili işler.)

Girişimci: Hedeflere ulaşmak için insanları yönlendirmeyi, yönetmeyi, yetki kullanmayı seven insanlar içindir. Kendi liderlikleri doğrultusunda, kendi bakış açılarını ve tercihlerini kabul ettirmekten hoşlanırlar. (Yönetim, satış, siyaset)

Geleneksel: İşi tam ve doğru yapmak ve ayrıntılar için dikkatin gerektiği sistematik çalışmalardan hoşlanan, büro işlerini seven insanlar içindir. Emir komuta zincirinin kurularak rahat bir çalışma ortamının bulunduğu büyük kuruluşlarda çalışmayı severler. (Finansal kuruluşlar, muhasebecilik)

6. Girişimci Yönünüz: Girişimcilik, kişisel ve sosyal yaşamda başkaları ile yapılan işbirliği olarak tanımlanabilir. Bunlara örnek olarak şunları verebiliriz: İyi organizasyon ve zaman yönetimi becerileri, inisiyatif kullanabilme, iş ve çalışma ahlâkı, denetime ve yönlendirmeye gerek duymamak, işi vaktinde yapmak, iyi planlama yapmak, hedeflerini belirleyebilme ve onlara ulaşabilme, riskleri farkedip üzerine gitmek, etkin stres yönetimi, kendinden emin olmak, insanlara hayır diyebilmek, belirli maharetlere sahip olmak, iyi ilişkiler kurmak, yardımcı ve destek olmak, esnek olmak, güçlükleri yenme yeteneğine sahip olmak, belirsizliklerle başa çıkmak, problem çözmede iyi alternatifler getirmek, yeni fikirler üretmede yaratıcı olmak, kendisi ile ilgili kararları verebilmek ve bundan hoşlanmak, sorunları, şans ve hataları deneyim olarak görebilmek, geniş açılı düşünebilmek, geleceği görebilmek, zihninde olumlu canlandırmalar yapabilmek, değişimleri farkedebilmek ve yönetebilmek.

Bu özelliklerden kendinizde gördüğünüz güçlü ve zayıf yönlerinizi belirleyin. Tüm bunları yaptığınızda "Kişisel Profil"inizi çıkartmış olacaksınız.

b. Zihinsel Hazırlık

Yaşam deneyimi profilinizi ve kişisel profilinizi çıkardıktan sonra, etkin öğrenme için hazırlanacağınız konu zihninizdir. Zihninizde canlandırdığınız dünyanın, gelecekte yaşayacağınız dünya olacağından emin olabilirsiniz. Ralph Waldo Emerson'un şu sözünü hiçbir zaman unutmayın: "Her eylemin atası düşüncedir." Yani yaptığımız tüm davranışlar önce zihnimizde şekillenir. Edmund Spencer da bu konuda şunu söylüyor: "İyiliği, hastalığı, sefaleti, mutluluğu, zenginliği, fakirliği yapan zihindir."

Başarılı olduğunuz bir anı düşünün. Sonra da başarısız olduğunuz bir anı düşünün. Siz aynı kişisiniz. Olanaklarınız aynı, muhtemelen içinde bulunduğunuz koşullar aynı. Ama sonuçlar farklı. Her iki zamanı düşündüğünüzde aradaki fark neydi? O sonuçlar oluşuncaya kadar geçen sürede zihninizden neler geçti? Matematiği sevmiyorsunuz, ama İngilizce'yi seviyorsunuz. Sevmediğiniz matematik sınavında başarısız olacağınızı kafanıza yerleştirdiniz ve gereği gibi çalışmadınız. Sevdiğiniz İngilizce'de başarılı olacağınızı düşünüyorsunuz ve dolayısıyla şevkle çalıştınız. Zihninizde canlandırdığınız sonuçlara da ulaşacağınız kesindir. Bunun için önce zihninizde canlandırma şekliniz önemli. Zihninizde canlandırdığınız başarıyı inançla birleştirdiğiniz an başaracaksınız. Çünkü başarısızlık yoktur, sonuçlar vardır. Rehberiniz, olumsuz sonucun, olumlu sonuca gidilmeyen bir yolu daha öğretmesi olmalıdır. Olumlu sonuç için araştırın ve inanın. İnandığınız anda başaracaksınız.

Unutmayın, insan inandığıdır. Yapabileceğinizi düşünüyorsanız, yapabilirsiniz. Zihninizi "yapabilirim" diyerek etkileyin.

c. Fizyolojik Hazırlık

Zihinsel hazırlığınızı destekleyen hazırlık aşaması, fizyolojinizi başarıya hazırlamaktır. Zihin ve fizyoloji birbirini etkiler. Kendinizden emin olduğunuz, kendinize güveninizin tam olduğu bir zamanı düşünün. Beyniniz başaracağınıza inanmış. Siz belki farkında değilsiniz ama, omuzlarınız dik, göğsünüz kabarmış, yürüyüşünüz kendinden emin ve gülümsüyorsunuz, vücudunuz gergin değil. Yaptığınız iş ne olursa olsun, kesinlikle başaracaksınız. Ya da bunun tersini düşünün. Zihninizde başarısızlık kavramı yerleşmiş. Bir an için vücudunuza şike yaptırın, beyninizi etkilemeyi düşünün. Bunun için başarıya inandığınız durumda bilinçsizce yaptığınız vücut hareketlerini, bu defa bilerek yapın: Omuzlarınızı dikleştirin, göğsünüzü kabartın, yürüyüşünüz kendinden emin olsun, insanlara gülümseyin, sinirleriniz gergin olmasın. Bir dakika içinde beyniniz etkilenecek ve başarıya odaklanacaktır. Deneyin, yararını göreceksiniz.

Spor yapmayı alışkanlık haline getirin. Spor yapamıyorsanız, şu derin nefes alma egzersizini alışkanlık haline getirin ve günde üç-dört defa, en az üç nefes alarak yapın: Bir birim zamanda (örneğin 3 saniye) burnunuzdan nefes alın, dört birim zaman (12 saniye) içinizde tutun (kan ve lenf sisteminiz tam olarak oksijenlensin), iki birim zamanda (6 saniye) ağzınızdan dışarı verin (lenf sistemi aracılığıyla toksinler dışarı atılsın).

Beslenmenize dikkat edin. Sulu gıdaları tercih edin, gıda tüketiminiz kontrollü olsun, meyveleri doğru yemeyi öğrenin, proteini az tüketin.

d. Etkin Öğrenme

Kendinizi tanıdıktan, zihinsel ve fizyolojik olarak hazırlandıktan sonra daha kolay öğreneceksiniz. Öğrenmenin bu aşamasında etkin öğrenme için pratik öneriler vermeye çalışacağım:

1. Sağlam binanın sağlam temel üzerinde durması gibi, bilgi de sağlam temelde yükselir. Bunun için her dersin konularını ders yılı başlangıcında iyi öğrenin.

2. Ödev olarak verilmese bile, göreceğiniz konuyu bir akşam önce gözden geçirin, not tutarsanız çok daha iyi olur. Bu çalışma ile kulak dolgunluğu olur, konuyu dinlerken daha önceden bildiğiniz bir şeyi hatırladığınız hissine kapılırsınız.

3. Derste gördüğünüz konuları okuldan döndüğünüzde tekrar edin. Konu ile ilgili tekrar notlar tutun. Bu, öğrenmeyi pekiştirir.

4. Okurken önemli gördüğünüz satırları değişik renkte kalemlerle işaretleyin. Bu hem anlamadığınız konularda yapacağınız geri dönüşte kolaylık sağlayacak hem de sınav

hazırlığında sadece önemli konuları gözden geçirmenize yarayacaktır.

5. Konuyu parçalar halinde öğrenerek ilerleyin.

6. Yazılı tekrardan başka sesli tekrarlar yapın. Sesli tekrarı yaparken, birisine konuyu anlatıyormuş gibi tonlamalarla anlatın.

7. En iyi öğrenme yöntemlerinden birisi öğretmedir. Bunun için derslerde konu anlatmaya çalışın. Eksik yönleriniz sizi korkutmasın, anlatım anında destek alacağınızdan emin olabilirsiniz.

8. Hızlı okumayı öğrenin.

9. Konu sonlarında bulunan sorulardan farklı olarak, okuduğunuz konudan sorular çıkartın.

10. Ders dinlerken konuya odaklanmak için, bu konunun size yararının ne olacağını düşünün.

11. Dersi anlatana değil, konuya odaklanın.

12. Derste öğretmenin yaptığı tekrarlar ve tonlamalar sınav soruları için bir kopyadır.

13. Dersi derste öğrenme en kolay yoldur. Bunun için kendinizi dersi dinlemeye odaklayın.

14. Verimli olduğunuz saatlerinizi tesbit edin, bu saatleri ders çalışmaya ayırın.

15. Bir derse çalışmaktan sıkılmışsanız, başka derse ve konuya çalışın. Bu zihinsel dinlenmeyi sağlar.

16. Sınav hazırlığını notlarınızdan yaparsanız kitaptaki önemsiz konularla zaman geçirmezsiniz.

17. Sınav akşamı, sınav yapılacak derse çalışmamayı alışkanlık haline getirin. Mümkünse sınav akşamlarını dinlenmeye ayırın. Dinlenmekten kasıt, o konuya kafa yormamaktır. Başka dersler ve konularla ilgilenin. Unutmayın, ilke sınav için öğrenmek değil, öğrenmek için öğrenmektir.

18. Okula götüreceğiniz malzemelerinizi ve kıyafetlerinizi akşamdan hazırlayın. Bu stres yönetimi bakımından çok önemlidir.

19. Vücut ve kıyafet temizliğiniz, kendinize güveninizi sağlayacaktır.

20. Düzenli uyku her zaman çok önemli olmakla birlikte, sınav akşamları buna daha fazla önem verin.

21. Düzenli kahvaltı yapmayı alışkanlık haline getirin. Kahvaltınızda C vitamini mutlaka olsun.

22. Sınav sabahı içilecek kahve, zihinsel uyarıcı özelliği olduğu için yararlı olabilir.

23. Klasik tip soruların çıktığı sınavlarda konunun bütününe, test tipi sınavlarda kritik bölümlere önem verin.

24. Test tipi sınavlarda önce yanlış seçenekleri belirleyin, kalan seçeneklerden ilk aklınıza geleni seçin.

25. Cevabınızı bilmediğiniz veya tam olarak cevaplayamayacağınız soruları atlayın, diğer soruları cevapladıktan sonra kalan zamanınızı onlar için kullanın.

Gençliğin geleceğinin çok daha iyi olacağını gören ve düşünen birisi olarak, tek gücün kendilerinde olduğuna inanıyorum. Bu güç, zihinsel güçtür. Zihninizi başarıya odaklayın ve kendinize inanın. İstediğinizi elde etmenin tek yolu, ne istediğinizi bilmektir. Unutmayın, zafer ilk adımla başlar."

Başarı Üniversitesi adlı kitabın yazarlarından Mümin Sekman, aynı kitapta öğrenmeyi şöyle tanımlıyor:

"Teknik bir tanımlama ile öğrenme; okuyarak ya da yaşayarak (kanal), bilinçli ya da bilinçsizce (amaçlılık), kendinden veya başkalarından (kaynak) alınan bilgi ve duygunun (tür), davranış ve düşünce düzeyinde (derinlik) meydana getirdiği değişikliklerdir. Öğrenmeyi öğrenmek ise, bu sürecin nasıl çalıştığını anlamaktır."

150

Bildiklerinizi, okullarda, katıldığınız proje çalışmalarında, okuyarak, gezerek, dinleyerek öğrenmiştiniz. Ancak öğrenme süreçleri bunlarla kısıtlı değildir. İş yaşamında karşılaşacağınız öğrenme süreçlerini şu başlıklar altında toplayabiliriz:

Rehberlik yapmak

Toplulukta konuşmak

Denetleme yapmak

İnceleme yapmak

Belirgin sorumluluklar almak

Görüş oluşturmak

Stratejik planlama yapmak

Problemleri belirlemek

Problem çözmek

Karar almak

Satış yapmak

Eleman çalıştırmak

Danışmanlık hizmeti almak

Dinlemek

Model almak

Gözlem yapmak

Soru sormak

Okumak

Pazarlık yapmak

Toplantılara katılmak, toplantı yönetmek

Projelere ve proje ekiplerine katılmak

Müşteri ziyareti yapmak

Başka iş yerlerini ziyaret etmek

Değişim süreci yaşama ve yönetmek

Sosyal olaylara katılmak, görmek

Dış ülkelere gezi yapmak

Şirket evliliği deneyimi yaşamak

İş yeri kapanması deneyimi yaşamak

Hayır kurumlarında çalışmak

Özel hayatınızda edindiğiniz deneyimler

Meslek kuruluşlarına katılmak

Mesleki toplantılara katılmak

Sportif çalışmalara katılmak

Kitaplar

Konferansları izlemek

Seminerlere katılmak

İnternet

Film izlemek

Grup tartışmalarna katılmak

Örnek olaylar

Oyunlar

Demonstrasyon

Rol oynama

Dış mekan keşfi

Bu süreçleri yaşarken birçok öğrenme yöntemi kullandınız. Öğrenme yöntemleri ve öğrenme üzerindeki etkileri ise şöyle açıklanabilir:

Okumak (% 10 etkili)

Duymak (% 20 etkili)

Görmek (% 30 etkili)

Duymak ve görmek (% 50 etkili)

Konuşmak (% 70 etkili)

Konuşmak ve yapmak (% 90 etkili)

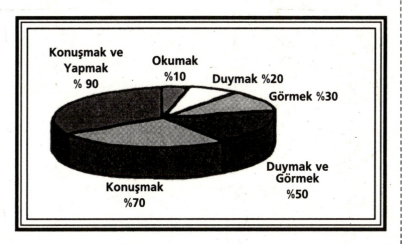

Öğrenme yöntemlerinin etkileri

Yaşamınız boyunca ve iş yaşamınızda öğrenmenize katkıda bulunacak kişiler ise şunlar olacaktır:

Aileniz

Öğretmenleriniz

Arkadaşlarınız

Patronunuz

Yöneticiniz

Size rehberlik edenler

İletişimde bulunduğunuz kişiler (müşteriler, tedarikçiler)

Aynı konumda olan çalışma arkadaşlarınız

Danışmanlar

Astlarınız

153

Öğrenme Tarzı

Öğrenme tarzı, öğrenme durumlarındaki davranışları öğrenmeye ve bilgiyi işleme yollarına götürür. Kişisel öğrenme tarzınızın bilincinde olmak, güçlü ve zayıf yönlerinizi keşfetmenize yardımcı olur. Bilgi çağı olan günümüzde, düşünme ve problem çözme becerilerinizi artırmak bir gereksinimdir.

Mümin Sekman aynı kitapta niçin öğrenmeyi öğrenmemiz gerektiğini şöyle açıklıyor:

"Daha hızlı, kolay ve kalıcı öğrenmek için

Neyi, niçin, nasıl yapmamız gerektiğini bilerek, yani bilinçli bir şekilde öğrenebilmek için

Dikkatimizi kendi kontrolümüze alıp, konsantre okumak için

Okurken hissetttiklerimizi kendimiz kontrol edebilmek için

Bilgiyi beyne doğru yerleştirmek suretiyle unutmayı azaltıp, hafızayı güçlendirmek için

İç disiplin ve motivasyonu güçlendirmek, kendi kendini motive edebilmek için

Ders çalışma tekniğini geliştirmek, daha az zaman ve çaba harcayarak daha iyi sonuç alabilmek için

Okuma ve öğrenme hızınızı daha da artırabilmek için"

Öğrenme için kullanacağınız bazı araç ve çevrelerin listesini gözden geçirelim:

- Organize olmamış ya da çok iyi organize olmuş çevreler
- Kendi hızınız
- Birbirini izleyen küçük adımlar
- Sakin bir çevrede yalnız çalışma

- ✎ Gürültülü bir ortamda grup çalışması
- ✎ Zihninizde resimler şekillendirme
- ✎ Bir nesneye dokunmak
- ✎ Bilgisayar tabanlı bilgi
- ✎ Saha çalışması
- ✎ Vaka çalışması (case study)
- ✎ Diyalog kurma
- ✎ Rol oynama
- ✎ Boş zamanlar
- ✎ Simulasyon
- ✎ İnteraktif multi medya
- ✎ Günlük tutma
- ✎ Kendi yazılı materyallerinizin kritik edilmesi
- ✎ Video
- ✎ Film
- ✎ Oyun
- ✎ Okunarak öğrenilen bir şey hakkında deney yapılması
- ✎ Deneyi yapılan bir şey için sonradan bilgi toplama

Öğrenme Tarzı Anketi

I. Adım

Aşağıda 80 tane görüş verilmiştir. Bu görüşlerden size uygun olanların karşısındaki (U) harfini, size uygun olmayanların karşısındaki (D) harfini daire içine alın.

1. İyi-kötü, doğru-yanlış konusunda kesin   U   D
   fikirlerim var.

2. Genellikle tedbirli değilim.   U   D

3. Sorunları çözerken adım adım   U   D
ilerlerim, aklıma eseni yapmam.

4. Formel prosedürlerin ve katı politikaların   U   D
bireyin davranışlarını kısıtladığını düşünürüm.

5. Olayların adını koymaktan çekinmem.   U   D

6. Sağduyuya dayanan eylemlerin dikkatli   U   D
düşünülenler ve analize dayandırılanlar
kadar sağlıklı olduğuna inanırım.

7. Bir şey yaparken her ayrıntıyı inceleyecek   U   D
kadar vaktimin olmasını isterim.

8. İnsanların temel varsayımlarını   U   D
sistematik olarak sorgularım.

9. Önemli olan, bir şeyin "uygulanabilir"   U   D
olup olmamasıdır.

10. Yeni deneyimler için özel çaba gösteririm.   U   D

11. Yeni bir fikir veya yaklaşımla karşılaştı-   U   D
ğımda, hemen bunun nasıl uygulanabile-
ceğini düşünmeye başlarım.

12. Kendi kendimi disiplin altında tutmaya   U   D
(rejim yapma, belirli bir programa uyma
gibi) özen gösteririm.

13. Bir işi mükemmel yapmaktan gurur duyarım.   U   D

14. Makul ve analitik düşünebilen kimselerle,   U   D
mantıksız ve o anın heyecanıyla hareket
eden kişilerden daha fazla anlaşırım.

15. Bana verilen verilerin yorumunu dikkatle   U   D
yapar, acele hüküm vermemeye çalışırım.

16. Bir karara varmadan önce seçenekleri   U   D
dikkatle gözden geçiririm.

17. Yeni ve alışılmadık fikirlere, pratik olanlardan daha fazla yatkınım.   U   D

18. Olayların tutarlı görüntü vermesini isterim. Kopukluğu sevmem.   U   D

19. Bir işin yapılmasında etkin olduklarına inanıyorsam, kabul görmüş prosedür ve politikaları benimser ve uygularım.   U   D

20. Hareketlerimin genel bir ilke çerçevesinde olmasına dikkat ederim.   U   D

21. Tartışmalarda doğrudan konuya girmeyi severim.   U   D

22. İş yerindeki insanlarla mesafeli, resmi bir ilişki kurarım.   U   D

23. Yeni ve farklı bir şey yapmanın heyecanı benim için önemlidir.   U   D

24. Neşeli, doğal davranan insanlardan keyif alırım.   U   D

25. Sonuca varmadan önce, ayrıntılara titizlikle dikkat ederim.   U   D

26. Çılgın fikirler bulmakta güçlük çekerim.   U   D

27. "Sözü geveleyerek" vakit kaybetmeyi sevmem.   U   D

28. Son kararı verirken ani davranmamaya özen gösteririm.   U   D

29. Bilgi kaynaklarımın mümkün olduğu kadar çeşitli olmasını tercih ederim.   U   D

30. Olayları ciddiye almayan havai insanlar beni kızdırır.   U   D

31. Kendi fikirlerimi belirtmeden önce, başkalarının fikirlerini dinlerim.   U   D

32. Nasıl hissettiğimi açıkça belirtme eğilimindeyim.   U   D

33. Tartışmalarda diğer katılımcıların   U   D
konuşmalara yön vermek için gösterdikleri
çabaları izlemek hoşuma gider.

34. Önceden planlama yerine olaylara   U   D
esnek ve o anda içimden gelen
tepkiyi göstermeyi tercih ederim.

35. Analizler, akım şemaları, yedekleme   U   D
planı yapma gibi konulara ilgi duyarım.

36. Bir çalışmayı zamanında bitirebilmek   U   D
için aceleye getirirsem, bu beni rahatsız eder.

37. Başkalarının fikirlerini, uygulanabilirliğine   U   D
bakarak değerlendiririm.

38. Sessiz, düşünceli insanlar bende   U   D
huzursuzluk yaratır.

39. Olaylara balıklama dalan insanlar beni   U   D
genellikle rahatsız eder.

40. Yaşanılan anın keyfini çıkarmak, geçmiş   U   D
ya da geleceği düşünmekten daha önemlidir.

41. Bütün bilgiler didiklenerek tahlil edildikten U   D
sonra alınan kararlar önseziye dayanan
kararlardan üstündür.

42. Mükemmeliyetçi olma eğilimindeyim.   U   D

43. Tartışmalarda genellikle çılgın fikirleri   U   D
benimserim.

44. Toplantılarda gerçekçi, uygulanabilir   U   D
fikirler öneririm.

45. Kurallar, çoğunlukla çiğnenmek için   U   D
konulmuştur.

46. Bir olay karşısında durup, bütün   U   D
açılardan değerlendirmeyi tercih ederim.

47. Genellikle başkalarının konuşmasındaki   U   D
tutarsız ve zayıf noktaları görürüm.

48. Dinlemekten çok, konuşma eğilimindeyim.   U   D

49. Bir şeyi yaptırmak için çoğunlukla daha iyi   U   D
uygulanabilir yollar bulurum.

50. Yazılı raporların kısa, çarpıcı ve doğrudan   U   D
konuyla ilgili olması gerektiği görüşündeyim.

51. Rasyonel ve mantıksal düşünme biçiminin   U   D
sonunda egemen olacağı inancındayım.

52. İnsanlarla havadan sudan konuşmak yerine,   U   D
belirli şeyler konuşma eğilimindeyim.

53. Ayağı yere basan insanlardan hoşlanırım.   U   D

54. Tartışmalarda konunun dışına çıkıldığında   U   D
sabırsızlanırım.

55. Bir rapor yazıyorsam, son halinden önce   U   D
bir çok müsvedde yaparım.

56. Uygulanabilir olup olmadığını anlamak   U   D
için fikirleri denemekten yanayım.

57. Doğru cevabı bulmak için mantıksal bir   U   D
yaklaşım gerektiği görüşündeyim.

58. Konuşanın çoğunlukla kendim   U   D
olmasını isterim.

59. Tartışmalarda, diğer insanların konudan   U   D
sapmasını engelleyen, spekülasyonlardan
kaçınan, gerçekçi bir tavır içinde olan
genellikle benim.

60. Karar vermeden önce, alternatifler   U   D
üzerinde iyice düşünürüm.

61. Tartışmalarda genellikle tarafsız ve   U   D
heyecandan arınmış olurum.

62. Tartışmalarda direksiyonu ele alıp, en   U   D
çok konuşan ben olmaktan ziyade göze
batmamaya çalışırım.

63. Günlük olayları uzun vadeli ve geniş   U   D
perspektifli bir çerçeveye oturtmayı severim.

64. Bir şeyi yanlış yaptığımda omuz silkip,   U   D
"Bu da bir deneyimdi." diyebilirim.

65. Çılgın ve kafadan atma fikirleri,   U   D
uygulanmayacağı için reddetme eğilimindeyim.

66. "Sıçramadan önce bakınmak" en iyi yoldur.   U   D

67. Genelde konuşmaktan çok dinlerim.   U   D

68. Mantığını kullanmayı beceremeyen   U   D
insanlara karşı sert davranma eğilimindeyim.

69. Çoğunlukla amacın, araçları haklı   U   D
gösterebileceğine inanırım.

70. Bir işin yapılabilmesi için, gerektiğinde   U   D
bireylerin duygularını çiğnemekten kaçınmam.

71. Spesifik hedef ve planların formelliği beni sıkar. U   D

72. Genellikle bir partinin en renkli simasıyım.   U   D

73. Bir işin yapılması için ne gerekiyorsa yaparım.   U   D

74. Metodik ve ayrıntılı işlerden sıkılırım.   U   D

75. Olayların arkasındaki temel varsayımlar,   U   D
ilkeler ve kuramları irdelemeyi severim.

76. Her zaman başkalarının ne düşündüğünü   U   D
anlamaya çalışırım.

77. Toplantıların, gündeme sadık kalınarak   U   D
metodik olarak sürdürülmesini isterim.

78. Subjektif ve muğlak konulardan uzak   U   D
durmaya çalışırım.

79. Kriz anlarındaki heyecan ve drama   U   D
hoşuma gider.

80. İnsanlar genellikle duygularına karşı   U   D
hassas olmadığımı düşünürler.

II. Adım

Aşağıda 80 sorunun dağılımı 4 gruba ayrılarak yapılmıştır. Size uygun olduğunu düşünerek işaretlediğiniz cevapları (işaretlediğiniz U harflerini) aşağıdaki tabloda daire içine alarak işaretleyiniz. Uygun değil anlamında işaretlediğiniz (D) cevapları işaretlenmeyecektir. Daha sonra her grupta kaç adet işaretlediğinizi sayın ve altına toplamını yazın.

I. Grup	II. Grup	III. Grup	IV. Grup
2	7	1	5
4	13	3	9
6	15	8	11
10	16	12	19
17	25	14	21
23	28	18	27
24	29	20	35
32	31	22	37
34	33	26	44
38	36	30	49
40	39	42	50
43	41	47	53
45	46	51	54
48	52	57	56
58	55	61	59
64	60	63	65
71	62	68	69
72	66	75	70
74	67	77	73
79	76	78	80

Toplam——————————————————————

III. Adım

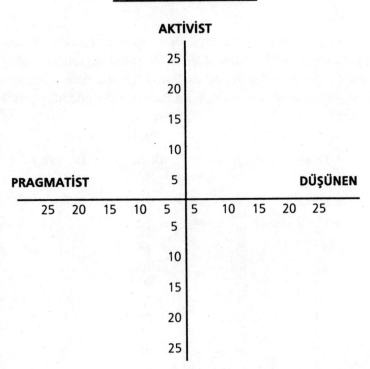

ÖĞRENME TARZI PROFİLİ

Geldik anketin çözümlemesine. Yukarıda yaptığınız puanlamayı, profil üzerinde işaretleyin. İşaretlediğiniz noktaları düz bir çizgi ile değil de, oval bir çember çıkacak şekilde çizin. Profil üzerinde 4 tane özellik görüyorsunuz. Yüksek puanlı noktalar sizin öğrenme tarzınızda baskın olduğunuz özelliği verir. Düşük puanlı özellik ise, sizin motivasyonunuzun düşük olduğu özelliği verir. Dağılımın dengeli veya birbirine yakın olması olağandır.

Bu 4 grubun özelliklerini şöyle açıklayabiliriz:

1. **Grup:** Aktivist

   a. Herşeyi en az bir kere dener

   b. Buhrandan hoşlanır

   c. Yeni deneyimin getireceği sorunları göğüslemek ister

   d. Rutin uygulama ve uzun vadeli konsolidasyondan sıkılır

   e. İnsanlarla ilişkiden hoşlanır

2. **Grup:** Düşünen

   a. Çeşitli açılardan yaklaşır

   b. Veri toplar/analiz eder

   c. İhtiyatlıdır

   d. Başkalarının davranışlarını izlemekten hoşlanır

   e. Toplantılarda geri planda yer alır

3. **Grup:** Teorisyen

   a. Varsayım, ilke, teori ve modele meraklıdır

   b. Kendini soyutlar/analitiktir

   c. Subjektif/muğlak yorumlardan hoşlanmaz

   d. Fikirlerini düzene sokmak ister

4. **Grup:** Pragmatist

   a. Yeni fikir ve teknikleri uygulamak ister

   b. İlk fırsatta uygulamaktan hoşlanır

   c. Sorunlara bir fırsat olarak bakar

   d. Yöneticilik seminerlerinde öğrendiklerini hemen uygulamak ister

   e. Amaçlarını net olarak saptar

Anketin Yorumlanması

Bu anketin son adımında gördüğünüz profilde çıkan şeklin en ideali, tam bir çember şeklinde ortaya çıkmasıdır. Yani bütün özelliklerin dengeli olarak dağılmasıdır, yani bütün özellikleri dengeli olarak kullanmak en ideal durumdur. Ancak, profil dengeli bir dağılım göstermesine rağmen, alınan puanların düşük olması, bu özelliklerin çok az kullanılması anlamına gelir. Çok baskın özelliğin yanında, çok az çıkan puanla ilgili özelliklere odaklanmakta ve bu konuda kendinizi geliştirmenizde yarar vardır.

Sonuç olarak;

1. Öğrenme süreçlerini, yöntemlerini öğrenin.

2. Öğrenme yöntemlerinden sizin için en verimli olanını araştırın ve bu yöntemi ağırlıklı olarak kullanmaya çalışın. En etkili öğrenme yöntemleri bellidir. Bunları yoğunlukla kullanmaya çalışın.

3. Önem verdiğiniz ve gelişmek istediğiniz bilgi alanlarını belirleyin ve bunlar üzerine odaklanın.

4. Halihazırdaki öğrenme tarzınızı anlayın. Eksik yönlerinizi geliştirmek için aktivite planı yapın.

*B*eceri

Beceri, bilgi ve uygulamanın birleşmesi ile meydana gelir. Her beceri öğrenilebilir. Bir başkasının sahip olduğu bir beceriye siz de sahip olabilirsiniz. Bunun için istemeniz, karar vermeniz ve çalışmanız yeterlidir. Siz, becerilerle donanmaya bakın, başarı sonra kendiliğinden gelecektir.

> Bir insanın başına gelebilecek en üzücü deneyim,
> kötü bir kariyerin yanında,
> beyazlamış saçlar ve kırışıklıklarla uyandığında,
> yıllar boyunca benliğinin küçük bir parçasını kullandığının farkına varmasıdır.
> **V. W. Burroughs**

⇗ Etkili, doğru ve gerçekçi değerlendirme (muhakeme yapabilme) yeteneği

⇗ İç çatışmaları veya kişiler arası çatışmaları çözme becerisi

⇗ Ekip oluşturabilme, ekip çalışmasına uyum sağlayabilme becerisi

⇗ Ayırımlar ve sınıflar yapabilme becerisi

⇗ Kişisel veya grup düzeyinde ikna etme, yönlendirme becerisi

- Fırsatları görebilme ve değerlendirebilme becerisi
- Girişimci olma, risk alma becerisi
- Kendisinin ve başkalarının ihtiyaçlarını tanıma ve giderme becerisi
- Sistem geliştirme becerisi
- Strateji geliştirme ve uygulama becerisi
- Yeni yöntemler geliştirme becerisi
- Liderlik gösterme becerisi
- Profesyonel başarı sistemlerini kullanma becerisi
- Satış, sunuş yapma becerileri
- İyimser düşünebilme becerisi
- Davranışlarını kontrol etme becerisi
- Anlayarak hızlı okuma becerisi
- İleriyi görme becerisi. (Vizyoner olma)
- Bilgiyi kullanabilme becerisi
- Pratik düşünebilme becerisi
- Başarıyı ölçme ve doğru değerlendirebilme becerisi
- Duygusal durumunu kontrol etme ve yönetme becerisi
- Kişiler arası iletişim becerisi
- Empatik iletişim kurma becerisi
- Doğru, etkin ve gerçekçi düşünebilme becerisi
- İşgörme (Mesleki beceri)
- Başkalarını motive edebilme becerisi
- Yaratıcılık, üretici olma becerisi
- Medeni cesaret gösterme becerisi
- Stresten korunma ve kurtulma becerisi
- Zamanı yönetme becerisi
- Doğru, hızlı ve güvenli kararlar alabilme becerisi

꜀ Esneklik gösterme becerisi

꜀ Kişisel mutluluğunu oluşturma ve koruma becerisi

꜀ Eğlenebilme becerisi

꜀ Planlı, organize yaşama becerisi

꜀ Doğru planlama becerisi

꜀ Kaynakları doğru kullanma becerisi

꜀ Toplum önünde konuşma , hitabet becerisi

꜀ Uyum gösterebilme becerisi

꜀ İyimserlik becerisi

꜀ Kişisel amaçlarına uygun davranabilme becerisi

꜀ Hatırlama becerisi

꜀ Güzel ve etkili konuşma becerisi

꜀ Hayal kurabilme becerisi

꜀ Etkin öğrenme becerisi

꜀ Mizah becerisi

꜀ Zararlı alışkanlıklardan kurtulma ve faydalı alışkanlıkları edinme becerisi

꜀ Davranışlarını düşüncelerine uydurabilme becerisi v.b.

Beceri, özellikle deneyimin ve yeteneğin bir sonucu olarak tanımlanır. Birçok yetenek, değişik işlere uyarlanabilir ve çeşitli yönlerden gruplanabilir. Gruplamalardan birincisi; insanlarla çalışma, bilgi ile çalışma ve nesnelerle çalışma şeklinde yapılabilir. Diğer bir yol ise, zeki, yetenekli, yaratıcı, lider ve sorun çözme becerilerine göre gruplama yapmaktır.

İşverenler, şirketlerine sizin getireceğiniz becerilerle ilgilenirler. Eğitimlerle kazanılmış becerilerinize değerinin altında değer biçmeyin. Yani sahip olduğunuz becerileri küçümsemeyin. Örneğin; deneme yazılarında, rapor yazmada, sunuşlarda ve seminerlerde sözlü ve yazılı iletişim, toplantıların organizasyonu, fikirlerinizi mantıklı ve materyallerlerle destekleyerek sıralamak, inceleme ve bilgi kullanımıyla araştırma, bir soruna alternatif çözümler bularak ve analiz ederek problem çözme gibi.

Bu bölümde vereceğimiz çalışmada becerilerinizi üç grupta toplayın:

Birinci grup beceriler:

Özel bir işin gerektirdiği uzmanlık becerilerini ele alın.

Örnekler:

İstatistikleri analiz etmek

Bilgisayar programı yapabilmek ve bilgisayar problemlerini giderebilmek

Makina tasarımı yapmak

Spor hakemliği yapmak

Ekipman tamiri yapmak gibi beceriler.

İkinci grup beceriler:

İletişim ve insan ilişkileri becerileridir.

Örnekler:

Yazmak

Arabulucuk yapmak

Eğitim vermek

İlişkileri düzenlemek

İnsanları motive etmek gibi beceriler.

Üçüncü grup beceriler:

Birçok iş kolunda gereken genel becerilerdir.

Örnekler:

İnisiyatif kullanmak

Kendini geliştirmek

Problem çözmek
Organize etmek
Programlamak gibi becerilerdir.

Sonuç olarak;

✤ Becerilerinizi listeleyin.

✤ Edindiğiniz deneyimlerde kazandığınız başarıları ve uğradığınız başarısızlıkları listeleyin.

✤ Başarı ya da başarısızlık olarak adlandırdığınız deneyimler üzerinde bir kere daha düşünün.

✤ Kazandığınız başarılardaki davranışlarınızı, düşüncelerinizi, aktivitelerinizi not edin. Bunlar, gelecek başarılarınızın anahtarı olacaktır.

✤ Uğradığınız başarısızlıklardaki davranışlarınızı, düşüncelerinizi, aktivitelerinizi not edin. Bunlar, gelecekte tekrarlayacak başarısızlıkları önleyecek ve gelecek başarılarınızın anahtarı olacaktır.

Kişilik

> Kendini bilmeyi öğrenen hiç kimse önceden olduğu gibi kalmaz.
> Thomas Mann

Gerek özel hayatınızda, gerek iş hayatında başarıyı ve mutluluğu belirleyen iki faktör vardır:

1. Kişiliğiniz
2. Davranışlarınız

Duygularınızı ve davranışlarınızı, değişik durumlarda gözlemleyin. Bunun amacı, değişik durumlarda nasıl düşündüğünüzü ve davrandığınızı öğrenmektir. Örneğin; bir grup içinde veya birebir ilişkilerde, hızlı veya yavaş değişen koşullarda, kaos dönemlerinde, stresli ortamlarda, ayrıntılı bir işi yaparken ve risk almanız gereken durumlarda başkalarından farklılıklarınız nelerdir?

Bu noktada kim olmak istediğiniz önemli değildir. Şu anda gerçekten kim olduğunuz önemlidir. Düşüncelerinizi ve duygularınızı, tavır ve davranışlarınızı değerlendirirken kendinize karşı dürüst olun.

Aşağıda çok sayıda kişilik özelliği verilmiştir. Gördüğünüz kişilik özellikleri ve kendini yönetme becerilerinden size uyanların her birini işaretleyin. Listede bulunmayan ve sizi tanımlayan başka özellikler varsa, listeye ekleyin. Arkadaşlarınızla birlikte bunları kontrol edin. Arkadaşlarınız, bu özellikleri sizde görüyorlar mı?

konsantre olma	istekli	dakik
stres yönetimi	arkadaş canlısı	çabuk
yanlış yapmamaya özen gösterme	iyi huylu	sakin
uyum sağlayabilen	yardım sever	makul
maceraperest	dürüst	gerçekçi
saldırgan (agresif)	mizahi	yansıtıcı
hırslı	hayalgücü kuvvetli	güvenilir
analitik	bağımsız	saklanmış
varlığını hissettiren	zeki	kültürlü

ayrıntılara dikkat eden	icatçı	sorumluluk alan
sistemli	nazik	risk alan
ağırbaşlı	hoş	kendinden emin
dikkatli	mantıklı	kendine hakim
tedbirli	sadık	hissedebilir
neşeli	olgun	duyarlı
net düşünen	metodlu	içten
yetenekli	titiz	sosyal
rekabet edebilen	alçak gönüllü	istikrarlı
emin	motive olmuş	destekleyici
insaflı	açık fikirli	ince, nazik
tutucu	iyimser	öğretebilir
tutarlı	organize	yılmayan
yaratıcı	sempatik	işini tam yapar
meraklı	sabırlı	anlayışlı
diplomatik	sebatlı	dayanıklı
ağzı sıkı	ikna edici	güvenen
kaygısız	dengeli	güvenilir
verimli	pratik	halden anlayan
duygusal	hassas, titiz	her işi yapabilen
göze çarpan	gelişen, ilerici	şakacı

Kişilik Tercihleri

Dünyayı içinizde ve dışınızda nasıl yaşadığınızı, aşağıdaki soruları kendinize sorarak düşünün.

* Dünya ile etkileşimimi hangi yollarla sağlıyorum? Örnekler:

Genellikle insanların yanında iken enerji verici olurum.

Boş zamanlarımı yalnız geçirmeye ihtiyacım var.

Sesli düşünürüm.

Konuşmadan önce ne söyleyeceğimi hazırlamak için zamana ihtiyacım var.

171

Büyük olaylarda küçük ilgilerimi izlerim.

Kişisel bilgilerimi başkalarıyla rahatça paylaşırım vb.

* Bilgiyi nasıl elde ederim? Örnekler:

Beş duyumla (görme, duyma, dokunma, koku alma, tad alma)

Konsantrasyonum iyidir.

Gerçek ve somut olan nedir? Olaylara anlamları, sonuçları, kazançları ya da kayıpları yönünden bakarım, vb.

* Kararlarımı nasıl alırım? Örnekler:

Mantıklı ve objektif analizler yaparım.

Kararlarımı değerlerime uygun olarak kendim ve başkaları için doğru olmalarına göre alırım.

Her şey için istisnasız olarak bir standart tercih ederim vb.

* Tercih ettiğim çevre nedir? Örnekler:

Yaşamın düzgün ve her şeyin yerli yerinde olduğu bir yerde düzenli yaşamayı tercih ederim.

Kendiliğinden gelişen yaşam tarzına yönelirim.

Kararlarım gerçekleştikten sonra mutlu olurum.

Bitirmekten sakınırım.

Hayatı kontrol etmektense anlamaya çalışırım, vb.

Davranışın Gücü

Davranışlarımızı değerlendirirken, geliştirirken, hatalarımıza veya doğrularımıza karar verirken, davranışlarla ilgili özellikleri de bilmekte büyük yarar var. Davranışlar konusunda 5 önemli özellik vardır:

1. Davranışlar doğuştan gelmez:

Sosyologlar, davranış gelişiminin, doğa – toplum - birey üçgenindeki unsurların karşılıklı etkileşimle ortaya çıktığını açıklamaktadırlar. Dolayısıyla davranışlarımızı ailemizde, okulda, iş yerinde vb. çevremizden öğreniriz. Davranışlarımızın gelişimine doğal ortamın etkisi de yadsınamaz. Davranışlar, değiştirilebilir ve ayarlanabilirler.

2. Davranışlar, davranışları doğurur:

Ünlü Alman yazarı Goethe'nin bir sözü vardır: "Kardeşlerimi Allah yarattı ama, dostlarımı ben kazandım." der Goethe. İnsanların bize karşı tutundukları davranışları yaratan, genellikle bizim onlara karşı gösterdiğimiz davranışlardır. Bizim olumlu davranışlarımız, dostlarımızı artıracaktır. Bir atasözümüz bunu çok iyi açıklamaktadır: "Bana bir adım gelene, ben bin adım giderim."

Yine Amerikan tarihinde geçen bir olay, davranışın gücünü gösteren mükemmel bir örnektir:

"1915'de , ABD'de, sanayi tarihinin en büyük grevi oluyordu. Askeri müdahale olmuş, grevcilerin birçoğu kurşuna dizilmişti. İşçiler, Rockfeller'i öldürmek istiyorlardı. Grevin en şiddetli ve kanlı günüydü. Süper yönetici Rockfeller, bu öfkeli kitlenin karşısına çıktı ve eşine az rastlanacak bir konuşma yaptı:

"Bugün, hayatımın en mutlu gününü yaşıyorum.Tekrar sizlerle karşılaşma fırsatı bulduğum için son derece mutluyum. Burada bulunmakla iftihar ediyorum. Yaşadığım sürece bu toplantıyı zevkle anacağım. Biliyorsunuz iki hafta önce, kömür madeninin yanındaki kampları gezdim. Temsilcilerinizle görüştükten sonra, evlerinize uğrayarak sizleri ziyaret edip eşleriniz ve çocuklarınızla tanıştım. Bu yüzden burada birbirimize yabancı değil, dost olarak bulunuyoruz. İşte bu

NLP ve BAŞARI

dostluk içinde ortak çıkarlarımızı görüşelim." dedi ve bu dostça yaklaşımla tüm işçileri kendi tarafına çekti, kalplerini fethetti ve grev de bitti."

3. Nasıl davranacağımıza kendimiz karar veririz:

Davranışlarımızı seçmek (doğru-yanlış, iyi-kötü, güzel-çirkin) bizim elimizdedir.

4. Seçtiğimiz davranış insanlarla ilişkilerimizi olumlu veya olumsuz yönde etkiler:

Bunun sonucunda insanları ya kazanırız ya da kaybederiz.

5. Davranışlar çok etkili bir silahtır:

Yanlış davranışı seçerseniz, insanları incitebilir veya öfkelendirebilirsiniz.

Davranışlarla ilgili olarak şu gerçeği aklınızdan çıkarmayın: Olumlu davranışı seçenler, hatalı davranan insanları olumlu çizgiye çekerler.

Sonuç olarak;

✧ Kişilik özelliklerinizi ve davranışlarınızı, bu bölümde belirtilen özelliklerden yararlanarak önce kendiniz belirleyin.

✧ Daha sonra arkadaşlarınız ve dostlarınıza, bu bölümdeki özellikleri göstererek sizi nasıl tanımladıklarını öğrenin.

✧ Özel yaşamınızda ve iş yaşamında, yerine göre bütün özellikleri kullanmak. gerekebilir. Ancak önemli olan, olumlu özellikleri bünyenizde daha çok barındırmak ve kullanmaktır. Ancak durumsal olarak olumsuz özellikler kullanılabilir.

Aşağıda listelenen özellikler, başarılı kişilerin sahip oldukları kişilik özellikleridir. Bu özelliklerin tümüne sahip olmanız gerekmiyor elbette. Ancak, hedeflerinize ulaşmak için bu özelliklerin hangisine sahip olmanız gerektiğini düşünmeniz ve bu özelliklerinizi geliştirmeniz gerekecektir:

- ☙ Kaliteye önem veren
- ☙ Zihinsel olarak gelişmiş
- ☙ Yetenek repertuarı zengin
- ☙ Hata ve yenilgiden ders alan
- ☙ Genel kültür düzeyi yeterli
- ☙ Çalışkan
- ☙ Grup çalışmalarına uyumlu
- ☙ Sağlığına özen gösteren
- ☙ Aktif, sosyal faaliyete açık olan
- ☙ Motive edici
- ☙ Etkileyici, karizmatik
- ☙ Söylediğiyle yaptığı uyumlu
- ☙ Girişimci, eyleme geçebilen
- ☙ Hislerini kelimelerle aktarabilen
- ☙ Cesaretli, risk alabilen
- ☙ Duygularına hakim
- ☙ Amaçlarına adanabilen
- ☙ Medeni cesaret sahibi
- ☙ Amaca dönük yaşayabilen
- ☙ Çözüm bulucu uzlaştırıcı
- ☙ Sistemli yaşayabilen

- ✤ Duygusal enerjisi yüksek
- ✤ Liderlik gösterebilen
- ✤ Okumayı öğrenmeyi seven
- ✤ Yardım etmeyi seven
- ✤ Değişime açık, yenilikçi
- ✤ Hatasını kabul eden
- ✤ Esnek, hoşgörülü
- ✤ Gelişime dönük yaşayabilen
- ✤ Fizyolojik enerjisi yeterli
- ✤ Kararlı, sebat sahibi
- ✤ Başarıya önem veren
- ✤ İyimser pozitif düşünen
- ✤ İç bütünlüğünü sağlamış
- ✤ Misyon ve vizyon sahibi
- ✤ Mutluluğa önem veren
- ✤ İyimser ve pozitif düşünebilen
- ✤ Özgüven sahibi
- ✤ Maddi manevi ihtiras sahibi
- ✤ Kendine ve başkalarına saygılı
- ✤ Dürüst ahlâklı
- ✤ Olgun olan, tepkisel olmayan
- ✤ Neşeli, gülümseyebilen
- ✤ Uzun vadeli düşünebilen
- ✤ Minnet, şükran duyan
- ✤ Soyut düşünebilen
- ✤ Zeki; zekaya önem veren

- Fizik olarak gelişmiş
- İnsanlara sevgi, ilgi gösterebilen
- Davranış ve düşüncede tutarlı
- Önceliklerini daima bilen
- Kendi kendine yetebilen
- Sorumluluk alan
- Zamanı doğru kullanabilen
- Organize, planlı yaşayan
- İnsan psikolojisini bilen
- İrade, iç disisiplin sahibi olan
- Aykırılık, orjinallik gösterebilen
- Güzel ve etkileyici konuşabilen
- Olayları basitleştirerek algılayan
- Üzüntülere dayanabilen
- Gerçekçi yalın algılama sahibi
- Uyumlu olan
- Yeni seçenek geliştirebilen
- Çevresindekilere güven veren
- Onuruna önem veren
- Dikkatli, özenli titiz
- İdealist yaşayan
- Pratik düşünebilen
- Sürekli daha iyisini arayan
- Mantıklı ve mantıkçı
- Disiplinli
- Faydaya dönük düşünen
- Dengeli ,duygusal ilişkiler kurabilen

Başarınızı engellememek için uzak durmanız gereken kişilik özelliklerinden "kötü arkadaşlar" şunlardır:

- Kötümser olmak
- Tembel olmak
- Sürekli aykırı davranışlarda bulunmak
- Pasif ve içe dönük olmak
- Sistemsiz düşünmek
- Günlük yaşamak
- Sorumsuz olmak
- Aşırı tedbirli olmak
- Saygısızlık yapmak
- Agresif ve uzlaşmaz olmak
- Düşüncesiz davranmak
- Uyumsuz olmak
- Kararsız olmak
- Aşırı tepkisel olmak, çelişkili durumlara girmek

Sonsöz

NLP, kişisel ve profesyonel gelişimi ve kişisel yaratıcılığı ortaya çıkaran düşünceler dizisidir. Beynimizin çalışma şeklini ve beynimizi kullanmayı öğreterek bize olaylara, durumlara karşı koymamız konusunda belirli bakış açısı vermektedir.

Bu bakış açısına göre, başarısızlık yoktur. Gerçekten de başarılı olanlar, başaramayanlardan sadece on beş dakika öndedirler. Sizin yapmanız gereken, bu kısa mesafeyi kapatmak olacaktır. Unutmayın, derin olan kuyu değil, kısa olan iptir. Ulaşmak istediğiniz hedefe gidecek ipi kesinlikle uzatabilirsiniz. Başarısızlık kavramını haritanızdan sildiğinizde, yeni olasılık kapıları önünüzde açılacaktır. Diğer insanların vazgeçtiği noktada siz devam etmelisiniz.

Başarı, bizim beynimizde yarattığımız bir olgudur. Bizim için başarı olan şey, bir başkası için bir durumdan ibarettir. O halde başarısızlık diye düşündüğümüz şey, neden bizim için de bir durumdan ibaret olmasın.

Bunu kabul ettiğimizde olumsuz algılamalarımızın önüne geçerek kendimizi her zaman motive etmiş oluruz. Bu bir kişisel dopingdir. Gerçekten de başkasının yaptığını siz niye yapmayasanız ki. Yeter ki; istediğiniz şeyi tam olarak belirleyin, hedefe ulaşmak için harekete geçin, hedefinize doğru yürürken kontrollü olmayı unutmayın ve davranışlarınızda esneklik geliştirmeyi bilin.

Başarı, olağanüstü insanlara verilen bir hediye değildir. Herkes gibi siz de başarılı olabilirsiniz, yeter ki kararlı olun ve beyin gücünüzü iyi kullanın. Başarı, sadece çok çalışma ile değil, aklın da kullanılması ile sağlanır. Çok başarılı olan kişiler, sorunlarla karşılaştıklarında çaresizlik yerine, onları çözme yollarını düşünürler. Bu, NLP'nin olumlu düşünme tezidir.

Bir insanın yeteneği varsa ve onu kullanmayı öğrenmişse, düşünemiyeceği kadar başarılı olur. Yetenekler geliştirilebilir. Bir zihniniz var; onu kullanmak da elinizde, paslandırmak da. Başarı istiyorsanız, zihninizi çalıştırın. Başarıya ulaşmamanın tek yolu, çaba harcamaksızın başarılı olmayı beklemektir. Başarı için dikkatli düşünmeyi, çok çalışmayı ve yetenekleri en iyi şekilde kullanmayı bildiğinizde sorununuz kalmayacaktır. Beyin, bedeni yöneten yasalara tabidir. Onu çürütmeyin. Birçok şeyin aksine beyin eskimez. Tam tersine kullanıldıkça gelişir. Beynimizede egzersiz programına başladığımızda, bedeninize davrandığınız gibi davranın. Yapamayacağı şeyleri isteyerek onu disipline alıştırın ve tabii ki beyninizi besleyin.

Hazırlıklı olmak başarıyı yakalamanıza yardım eder. Başarıyı nerede yakalayabileceğinizi düşünün. Yaptığınız işe inanıyorsanız ve bu size heyecan sağlayabiliyorsa, en önemlisi bunu, işin ötesinde bir fırsat olarak görüyorsanız, başarılı olma şansınız kesinlikle çok yüksektir. Kendimize düşünmek için zaman ayırmalıyız. Sadece acil problemleri değil uzun vadeli amaçları, kişisel fırsatları ve geleceğimizi de düşünebileceğimiz zamanlar ayırmalıyız. Çok okuyun, bu hayatınızı genişleterek kazanan taraf olmanızı sağlayacaktır.

Bulunduğunuz yerin kaderiniz olduğuna ve onu aşamayacağınıza ne kadar inanırsanız inanın, yanılıyorsunuzdur. Tutum ve alışkanlıklarınızı değiştirerek, yaşamınızı fazlasıyla geliştirebilirsiniz. Çoğumuz yaptığımızdan daha fazlasını başaracak kapasitedeyiz ve hayatta birçok şeyi, kapasitemizin altında olan şeyleri yaptığımız için kaçırırız.

Başarılı insanların tek özellikleri, kendilerini biraz daha kararlı bir şekilde işlerine veriyor ya da biraz daha fazla çalışıyor ve sorumluluklarını biraz daha çok düşünüyor olmalarıdır. Olağanüstü yetenekler bir tarafa bırakılacak olursa, başarının onda dokuzu tek bir şeye bağlıdır: Çok ve bilinçli çalışmak.

Kendinizi değerlendirin, sıra değişikliklere geldiğinde ise ilk olarak daha basit gibi görünen problemlerle uğraşın. Bunu başardığınızda ilk adımı geçmiş olmanın verdiği cesaretle daha zor problemlere hazır olursunuz. Kendinizi değerlendirirken sadece giyimle değil, bedenin diliyle de bir şeyler söylediğinizi unutmayın. İstediğinizi giyin, ancak unutmayın ki bıraktığınız görsel izlenim, yararınıza ya da zararınıza olabilir. Herkes hal ve tavırları ile kendisi hakkında bir şeyler söyler.

Büyük düşünün ve kendinizi vazgeçilmez kılın , size gereksinim duyulmasını sağlayarak sınırsız bir başarıyı elde edebilirsiniz.

İşinizi iyi bilmeniz gerekir . Eğer işinizi iyi bilmiyorsanız, amaçsızca çalışacak ve sonunda işi bırakacaksınız, çünkü bu çalışmanız sizi bir yere götürmez. Yaptığınız işlere sadece zaman ve kaslarınızı değil, beyninizi de verirseniz, katkınız ve ödülünüz de o oranda artar.

Tüm bunlar, başarıya ulaşmanız için yapabileceğiniz şeylerdir. Evet, inandığınız sürece her şeyi yapabilirsiniz. Rotanızı kendiniz belirlediğiniz sürece, istediğiniz limana ulaşabilirsiniz. Unutmayacağınız tek şey; hayatınızın rotasını düşüncelerinizin, düşüncelerinizi de sizin yönlendirebileceğinizdir.

Siz teksiniz. Sahip olduğunuz tek şey ise kendinizsiniz. Kendinizden yararlandığınız sürece, bir sanat eseri gibi tek olduğunuzu fark edecek ve bunun keyfini süreceksiniz.

Kendi gücünüzü keşfetmeye var mısınız?

Neye

Layık olduğunuzu düşünüyorsanız

Peşine düşün

Makaleler

Etkili Konuşmanın Püf Noktaları
(Eğitim Bilim Dergisi, Şubat 2000)

Kennedy, İkinci Dünya Savaşı hakkında konuşurken Winston Churchill için şu sözleri söylemişti: "Eğer o, bu kadar güzel bir İngilizce'ye sahip olmasaydı ve bu kadar iyi konuşmasaydı, İngiltere savaşı kazanamazdı. O, kelimeleri seferber etti, savaş meydanlarına yolladı ve zaferi kazandı."

Tarihçi Van Loon, Napoleon için; "Mısır piramitlerinin önünde sıcak ve susuzluktan güçleri tükenmiş veya Moskova yanarken soğuktan donmak üzere olan askerlerine o anda söylenebilecek en uygun kelimeleri bulan müthiş bir aktördü." der.

Gerek tarihte adı geçen kişiler için söylenmiş olsun, gerek insan ilişkileri için söylenmiş olsun, konuşmanın önemini vurgulayan binlerce söz bulabilirsiniz.

Pekâlâ, konuşma bu kadar önemli iken, insanlar topluluk önünde konuşmaktan niçin çekinirler, sıkılırlar veya korkarlar?

Konuşma ile ilgili olarak bazı yanlış inanışlar vardır. Bunlar: Konuşmacı olunmaz konuşmacı doğulur, iyi konuşmacılar taklit edilmelidir, sahne korkusu geçmez, konuşma metni okunmalı veya ezberlenmelidir, konuşmalarda resmi ve ciddi olunmalıdır şeklindeki düşüncelerdir.

Bu yanlış inanışların birinci nedeni; insanların kendilerine güvensizlikliklerden doğan "sahne korkusu"dur. Bu korkuyu yenmek için, üzerine gitmemiz ve korktuğumuz şeyi yapmamız gerekir. Tabii bunu yaparken cahil cesaretiyle değil, bilinçli ve hazırlıklı olmamız gerekir. Aşağıdaki şekilde görüldüğü gibi konuşmanın çeşitli aşamaları vardır ve her aşama için hazırlık yapmak gerekir. Bir konuşmanın hazırlık aşaması iki ana başlıktan oluşur.

1. Hazırlık Aşaması
2. Mesajı İletme Aşaması

Hazırlık aşamasında yapacağımız çalışmaları dinleyici, hedef, planlama, düzen, stil, çevre ve gerginliği yenme başlıkları altında inceleyeceğiz. Mesajın iletilmesi aşamasını ise yapı, sohbet, giriş, orta bölüm ve bitiş başlıkları altında inceleyeceğiz.

1. Hazırlık Aşaması: Konuşmak, "konu" kelimesi ile beraberlik anlamını veren "ş" harfinin birleşmesinden meydana gelmiştir. Konuşma yapacağımız konu bize verilebilir, biz bir konuda konuşmak isteyebiliriz. Konu belirlendikten sonra hazırlık aşaması başlayacaktır.

W. Wilson, 5 dakikalık bir konuşma için ne kadar hazırlanmaya ihtiyacı olduğunu soranlara iki ay, 10-15 dakikalık bir konuşma için bir ay, yarım saatlik bir konuşma için 10-15 güne ihtiyacı olduğunu söylemiştir. İki saatlik bir konuşma için sorulan zaman içinse "Hemen şimdi konuşabilirim." demiştir. Wilson'un böyle bir açıklama yapmasının nedeni, konuşma süresi ile hazırlık süresinin ters orantılı olmasıdır. Size verilen süreye göre hazırlıklarınıza başlayabilirsiniz.

1.a. Dinleyici: Bu aşamada konuşacağınız dinleyici kitlesini öğrenmeniz gerekiyor. Şu soruların cevabını bulmalısınız:

Dinleyiciler kaç kişi?

Kimlerden oluşuyor? (Öğrenim durumları ve sosyal konumları?)

Konuşmayı neden dinleyecekler?

Tavırları nasıl olabilir? (Dostça mı, muhalif mi?)

Konuşacağınız konu ile ilgili ne biliyorlar?

Ne bilmeleri gerekiyor?

Konuşma bitiminde nasıl ayrılmalarını istiyorsunuz?

1.b. Hedef: Yapacak olduğunuz konuşma ile neyi hedeflediğinizi belirleyeceksiniz:

Öğretmek mi?

Eğitmek mi?

Bilgilendirmek mi?

Çalıştırmak mı?

Birilerini ikna etmek mi?

Şevklendirmek mi?

Eğlendirmek mi?

1.c. Plan: Planınızı yaparken nelerden yararlanacağınızı araştıracaksınız:

Kendi deneyimlerinizden?

Başkalarının deneyimlerinden?

Kitap okuyarak?

Başkalarını dinleyerek?

Görüş alış verişi yaparak?

1.d. Düzen: Yapacak olduğunuz konuşmada neler olacağını belirleyeceksiniz:

Konuşmanızda mutlaka bulundurulması gereken ne?

Neleri konuşmanıza dahil etmenizde yarar olabilir?

Zaman kalırsa neyi konuya dahil edebilirsiniz?

Bu aşamada kullanacak olduğunuz zamanı planlarken, çok dikkat etmeniz gerekiyor. Yarım saatlik sürenizi aştığınızda dinleyicileri sıkabilir veya sizden sonraki konuşmacının zamanını çalabilirsiniz. Bunun tam tersi de olabilir. Sizin yarım saatlik konuşmanızı yirmi dakikada bitirmeniz, dinleyicilerde hayal kırıklığı yaratabilir. Bunun önüne geçmek için zaman kalırsa ne konuşacağınızı planlamalısınız. Bir konuşma sihirbazı olmak için mutlaka cebinizde tavşanlar bulundurmalısınız.

1.e. Stil: Konuşmanızı yaparken kullanacağınız stili belirleyeceksiniz:

Dinleyicinin katılımı olacak mı?

Kullanacağınız dil nasıl olacak? Anlaşılır bir dil mi kullanacaksınız, yoksa jargon mu (mesleki dil) kullanacaksınız?

Görsel araçlardan yararlanacak mısınız? Tepegöz, video, flip-chart kullanacak mısınız?

1.f. Çevre: Konuşma yapacağınız ortam hakkında toplayacağınız bilgiler. Yabancı olduğunuz bir yerde konuşma yapacaksanız, salonu önceden görmeye çalışın.

Genişliği nedir?

Işıklandırma ve ısı durumu nedir?

Oturma düzeni nasıldır?

Hangi araçlar var?

1.g. Gerginliği Yenme: Topluluk karşısında konuşma yapmak durumunda kalan bir kişinin en çok çekindiği konu budur. Dünyada konuşma yaparken gerginliğe kapılmayan bir kişi yoktur. En iyi konuşmacılar olarak bildiğiniz kişiler bile, konuşmalarının öncesinde gergindirler. Bu gerginliği yenmek için, bazı şeyleri bilmeniz işinizi kolaylaştıracaktır:

Sahne Korkusu: Şundan emin olun ki korkan sadece siz değilsiniz. Topluluk önünde konuşma yapmaya hazırlanan herkeste, başlangıçta korku vardır. Bu korku çok iyi ve profesyonel konuşmacılar olarak bildiğiniz kişilerde de vardır. Dahası bir miktar sahne korkusu faydalıdır. Çünkü adrenalin seviyesinin yükselmesiyle ayakta durma gücünüzü elinizde tutarsınız. Sahne korkusunun temel nedeni deneyim eksikliğidir. Zaman içinde deneyim kazandıkça bu korku azalacaktır.

İyi Hazırlanın: Konuşmanıza çok iyi hazırlanın. Bu hazırlığınızı yaparken konuşmanızı asla kelimesi kelimesine ezberlemeyin. Sadece ilk cümlenizi ezberleyebilirsiniz. Fikirlerinizi mantıklı bir sıralamaya sokun. Olanağınız varsa arkadaşlarınıza konuşmanızın provasını yapın.

Başarılı Olacağınıza Kendinizi İnandırın: Her konuda olduğu gibi konuşmada da başarıyı getiren ilk etken, kişinin kendisinin, yapacağı işe inanmasıdır. Bunun için başarıya ve konuşma yapacağınız konuya odaklanın. Başarıdan başka hiçbir alternatifi düşünmeyin. Başarısızlığı çağrıştıran cesaret kırıcılardan uzak durun. Kendi kendinize cesaret verin ve olumlu cümleler kurarak kendinize telkinlerde bulunun.

Kendinize Güvenli Görünün: Kendinize güvenin ve başka insanlara bunu hissettirin. Fizyoloji ile düşünceler birbirini etkileyeceği için, kendinize güvenli görünerek düşüncelerinizi olumlu yönde etkileyin.

2. Mesajı İletme: Hazırlığınızı yaptıktan sonra sahnede ne yapacaksınız? Sahne becerilerini yukarıdaki şeklimizde görüldüğü gibi çeşitli başlıklar altında inceleyelim:

2.a. Yapı: Konuşmanıza başlarken dinleyicilerinize konuşmanın akışı hakkında bilgi verin. Bunun için 3S formülünü kullanın:

- Ne söyleyeceğinizi söyleyin (Giriş Bölümü): Yapacağınız konuşmada nelerden bahsedeceğinizi dinleyicilere açıklayın. Özellikle yetişkinler, önceden bilgi sahibi olmadıkları konuşmaları dinlemekten sıkılırlar. Konuşmanızda nelerin olacağını dinleyicilerin bilmesi, konuşmanız hakkında merak uyanmasına ve sizi ilgi ile dinlemelerine yol açar.

- Söyleyin (Orta Bölüm): Burası anlatmak istediklerinizi anlattığınız yerdir. Bütün mesajlarınızı bu bölümde verebilirsiniz.

- Ne söylediğinizi söyleyin (Bitiş): Konuşmanızın sonunda, çıkaracak olduğunuz kısa bir özettir. Anlattıklarınızı toparlayacaksınız.

2.b. Sohbet: Konuşmanın bu bölümünde tanışma ve zaman belirleme yapılmalıdır. Dinleyici grubu küçükse, tanışma bölümünde dinleyiciler de kendilerini tanıtmalıdır. Grubunuz büyük bir grupsa, sadece siz kendiniz hakkında bilgi verebilirsiniz. Sohbet bölümünde zamanı nasıl kullanacağınızı karşılıklı olarak kararlaştırabilirsiniz. Sohbet bölümü kısa sürmelidir. Sizin hakkınızda dinleyicilerin ilk fikirleri sohbet aşamasında ortaya çıkacaktır. İlk izlenimin ne kadar önemli olduğunu düşünecek olursanız, sohbet aşamasının önemini daha iyi kavrayabilirsiniz.

2.c. Giriş: Bu bölüm, konuşmanızda neden bu konuyu ele aldığınızı açıklayacağınız bölümdür. Girişte ilginç ve renkli bir açıklama, konuşmanıza ilgiyi artıracak ve sizi daha dinlenilir yapacaktır. Örneğin şöyle bir giriş dinleyicilerde çarpıcı bir etki yapacaktır: "Bugün benden hiçbir şey öğrenemeyeceksiniz... eğer beni dikkatle dinlemezseniz... ve bana gerektiği yerde sorular sormazsanız." Konuşmanızın içeriğini açıklarken dinleyicilerde merak uyandırın. "Konuşmamın ortalarında açıklayacağım yöntemle problemlere yaklaşma ve çözme konusunda hayatınız boyunca kullanacağınız bir anahtarın sahibi olacaksınız." diyerek sizi dikkatle dinlemelerini sağlayabilirsiniz. Giriş bölümünde vereceğiniz sayısal hedefler de konuşmanızı ilgi çekici hale getirecektir. Bu bölümdeki sözlü etkiniz yanında, giyiminiz, davranışlarınız, kullanacağınız görsel malzemeler etkinizi artıracaktır.

Giriş bölümünü şu şekilde formüle edebiliriz (Yukarıdan aşağıya doğru ilk harflere dikkat edin):

Gereksinim

İlginç açıklama

Renkli başlangıç

İçeriğin açıklanması

Şevklendirmek

2.d. Orta Bölüm: Bu bölüm, mesajınızı verecek olduğunuz bölümdür. Konuşmalarda ve sunuşlarda, sunuşun şekline göre dinleyicilerin ilgi aralıkları vardır. Kürsüde yaptığınız bir konuşmada 10 dakikanız, video destekli bir konuşmada 16 dakikanız, çeşitli görsel araçlarla yapacağınız konuşmada 20 dakikanız, grup tartışması yaptırdığınız bir konuşmada 35 dakikanız ve katılımcılara rol oynama yaptırdığınız bir konuşmada 60 dakikanız vardır. Çünkü, ortalama bir insan dakikada 150 kelime konuşurken, insan beyni dakikada 600 kelimeyi alabilecek kapasitededir. Dinleyicilerin ilgilerinin ne kadar süreceğini bildiğiniz bir konuşma, başarıyı baştan görmenizi sağlayacaktır. Bunun için orta bölümde dikkat edecek olduğunuz konular şunlardır: İlgiyi sürekli canlı tutmaya çalışın, konu mantıksal bir akış seyretsin, amacınıza yönelik noktalara sadık kalın, vurgulamalar ve karşılaştırmalar yapın, konuyu kişiselleştirin (dinleyicilerin isimlerini zikredin, tabii ki olumlu örneklerde), anlaşılabilir ve sade bir dil kullanın (bilgili olduğunuzu göstermek için yabancı kelimelerden medet ummayın), kullanacak olduğunuz rakamsal verileri en basit şekilde kullanın, genelleştirmeler yerine özel örnekler verin, anlatımlarınızı dramatize edin (hareketleriniz, jest ve mimiklerinizle anlatımınızı destekleyin) ve otoritelerden alıntılar yaparak konuşmanızı süsleyin.

2.e. Bitiş: Bitiş bölümünde amacınız, dinleyicilerin tepkisini ölçmek ve hedefinizin gerçekleşip gerçekleşmediğini anlamak olmalıdır. Bunun için dinleyenleri bitişe alıştırmalısınız. Burada önemli noktalar tekrar edilmeli, konuştuklarınızdan sonuç çıkarmalı, istediğiniz davranış için harekete davet etmelisiniz. Dikkat edeceğiniz çok önemli diğer konular; son cümlelerin çok etkili olduğunu unutmayınız, bitişi aniden yapmayınız ve çok önemli olsa bile, konuşmanızda unuttuğunuz bir başlığı veya bir fikri kesinlikle söylemeyiniz. Çünkü, dinleyicilerin ilgisi azalmıştır ve sizin çok önemli gördüğünüz konu artık onlar için önemsizdir. Ayrıca böyle bir davranış sizin konuşmaya iyi hazırlanmadığınız gibi bir düşünceye yol açacaktır.

Başlıklar halinde anlatmaya çalıştığım bütün hazırlıklar yanında, bir konuşma yapmak için çok önemli olan şu noktaları unutmayın: Anlattığınız konuya hakim olun, inandığınız konularda konuşma yapmaya çalışın ve iletişim becerilerinizi geliştirin.

Sonuç olarak, bir konuşma hazırlarken ve konuşma yaparken İngiliz eski başbakanlarından Disraeli'nin şu sözlerini aklınızdan çıkarmayın:

"İnsanlar kelimelerle idare edilir."

* * *

Dinlemek Anlamak Etkilemektir (Eğitim Bilim Dergisi, Ocak 2000, Sayı: 16)

Günlük hayatımızda sürekli iletişim halindeyiz.İletişim başlangıcı, gelişmesi, etkileri ve sonucu olması ve bir zaman dilimine yayılması sebebiyle bir süreçtir. Bu iletişim sürecinde çeşitli roller alıyoruz. İnsanlarla iletişim kurarken alıcı (dinleyici) ve kaynak (konuşmacı) rolleri arasında gidip geliyoruz. Bir gazeteyi, dergiyi veya kitabı okurken, televizyon izlerken, radyo dinlerken, yine iletişim halindeyiz. Ama burada sürekli alıcı konumundayız.

Gazete, dergi, kitap okurken, televizyon izlerken, radyo dinlerken hoşumuza gitmeyen bir konu olduğunda,bunları değiştirme şansımız var. Ama insanlarla iletişimimizde hoşumuza gitmeyen ya da sevmediğimiz bir konuyu dinlerken iletişimden vazgeçme şansımız her zaman olmayabilir. İnsanları, kırmak istemediğimizden dinlemek zorunda kalırız... Sevmediğimiz bir konuyu bile öğrenmek için dinlememiz gerekir. Bu örnekleri istediğiniz kadar çoğaltabilirsiniz. Ya da konu, gerçekten sevdiğiniz öğrenmek istediğiniz bir konu olur, öğrenmek için iyi dinlemeye ve anlamaya çalışırız. Tüm bunları yaparken iletişim sürecinin içinde bulunuruz.

1. Kaynak, yani konuşmacı vereceği mesajı kendine özgü bir şekilde anlatır. Buna "Kodlama" denir.

2. Kodlanan kelimeler çeşitli araçlarla iletilir. Bu araçlar; anlatanın kullandığı kelimeler, jest ve mimiklerdir.

3. Alıcı, yani dinleyici mesajı alır ve yorumlar. Buna "Kod Açma" denir.

4. Alıcı, yorumuna göre cevap verir. Buna "Geri Bildirim" denir.

Bir şarkıda "Beni anlamadın ya / Ben ona yanıyorum." diyor sanatçı. Anlamamıştır. Çünkü yukarıdaki şekilde düz çizgilerle gösterilen süreç, gerçekte dalgalı bir şekilde işler. Kodlama, araçlar ve kod açma, anlatanın ve dinleyenin algılarına göre dalgalanma gösterir. Bu dalgalanma sırasında, ilgilenme seviyesi bazen yükselir, bazen düşer. Bunun başlıca sebebi insanın konuşma hızıyla beynin algılama kapasitesi arasındaki farktır. Bir insan dakikada ortalama 150 kelime konuşabilirken, insan beyni dakikada 600 kelime alabilecek kapasitededir.

Dört bardaklık bir sürahi düşünün. Bu sürahi bizim beynimiz olsun. Karşımızdaki kişi dakikada 150 kelime konuşuyor. Bizim sürahimizin ancak 1/4'ünü doldurabiliyor. Sürahinin geri kalanını doldurmak bize düşüyor. Sürahi kendi malımız olduğuna göre istediğimizi doldururuz. Doldurulan bir bardak suyun tadını da sevmediğimizi ve çoğunu dökeceğimizi düşünürsek, dinlemeyi öğrenmenin önemini daha iyi kavrayabiliriz.

Dinleme

İletişimle ilgili birçok sorun, dinleme becerilerinin önemsenmemesinden ya da unutulmasından kaynaklanmaktadır. Dinleme ile işitmeyi çoğu zaman karıştırırız. Dinleme ile işitmenin arasındaki fark bakmakla görmek arasındaki fark kadardır. İşitmek, sözleri ve kelimeleri duymaktır. Dinlemekse söylenenlere dikkat etmeyi, yorumlamayı ve hatırlamayı gerektirir. Dinlemek öğrenebilen ve geliştirilebilen bir beceridir.

Kişisel beceriler içinde belki de en önemli olanı dinlemektir, çünkü kişi iyi bir dinleyici değilse kavrayamama ve fırsatları kaçırma ihtimali artacağından, diğer kişisel becerileri (pazarlık yapma, ikna etme, çalışmaları yürütme gibi) geliştirme şansını önemli ölçüde yitirecektir. Bunun yanında iyi bir dinleyici olmanın avantajları hemen ortaya çıkmasa da, şu faydalarını görürüz:

1. **Konuya İlgi Duymamak:** İyi dinleyiciler, başarılı insanlardır. İyi bir dinleyici olmakla, kişisel ve mesleki gelişimimizi artırmanın yanında, başka faydalar da sağlarız. Konuşmacının kendine güvenini artırarak bizim için kendisinin önemli bir kişi olduğunu iletiriz. Yeni kelimeler öğreniriz. Doğrudan eğitilmiş oluruz.

2. **Konuğun muhtevasıyla değil, dış görünüşle ilgilenme:** Konuşmacının anlattıklarıyla değil, aksanı, diksiyonu veya giysileriyle ilgilenmek, birçok önemli bilgiyi atlamamıza yol açar.

3. **Konuşmacının sözünü kesme:** İnsanların sözlerini bitirme sabrını göstermeden sözünü kesmek insanların düşüncelerini çiğnemektir. Birinin ayağına bastığınızda ne olur, ne düşünürsünüz?

4. **Ayrıntılara odaklanıp konunun özünü kaçırma:** Ayrıntılarla fazla haşır neşir olmak, konudan kopmanıza yol açar.

5. **Önyargılarda bulunma:** Duymak istemediğiniz şeyler konusunda peşin hüküm vermek, istediğimiz gibi yorumlamak ve anlamını çarpıtmak.

6. **Etkin olmayan beden durumunu sergileme:** Fiziksel duruşun birçok alanda olduğu gibi dinlemede de çok önemli etkileri vardır. Etkin dinleyiciler, fiziksel duruşlarının konuya odaklanma yeteneği üzerinde etkili olduğunu bilirler. Bu yoğunlaşmanın azalmasına yol açar.

7. **İletişimi şaşkınlığa yol açarak kesme:** Bir telefonun gelmesi, aniden aklınıza gelen bir şey için iletişime ara vermek, konuşulanların unutulmasına ve yoğunlaşmanın azalmasına yol açar.

8. Bilinmeyen kelimelere atlama: Dinlerken veya okurken bilmediğiniz kelimelerin anlamını cümleden çıkarmaya çalışın ya da daha sonra öğrenin.

9. Duyguların ön plana çıkması: Duyguları ön plana çıkaran konuşmalar dinleyiciyi konudan uzaklaştırır. Bu tür konuşmalar bazı konuşmacılar tarfından bilinçli olarak yapılır, duygulanan dinleyici konuşmaları duymaz.

10. Hayal kurma: Beynin algılama kapasitesinin yüksek olması sebebiyle boş zamanı hayal kurarak veya başka şeyler düşünerek geçirmek.

Aktif ve Pasif Dinleme

Etkin dinleme pasif olmaktan çok aktiftir. Kişi pasif dinlemede söyleneleri kaydeden bir teyp gibidir, ancak teyp kadar hatasız kaydedemez. Anlatılanların çoğu eksik kalır. Aktif dinlemeyse, dinleyicinin konuşmacıyla empati kurmasını ve anlatılanları, anlatanın bakış açısından değerlendirmeyi gerektirir.

Aktif dinleme için uyulması gereken 4 temel unsur vardır:

1. Yoğunlaşma

2. Empati

3. Kabullenme

4. Bütünü anlama sorumluluğu almakta istekli olma

1. Yoğunlaşma: Beynimiz ortalama bir konuşmacının yaptığı konuşmadan yaklaşık dört kat hızlı bir konuşmayı izleyebilecek kapasiteye sahip olduğundan, dinleme sırasında dinleyiciye boş zaman kalır. Pasif dinleyici bu boş zamanda işini, özel hayatını, arkadaşlarını düşünür. Aktif dinleyici ise konuşmacıya konsantre olur, söylenenlerin arasındaki anlamı da yakalamaya çalışır.

2. **Empati:** Kendinizi konuşanın yerine koymanızı gerektirir. Sizin ne anlamak istediğinizi değil, konuşmacının ne demek istediğini anlamaya çalışmanız gerekir. İletişimde "Aslolan algılanandır!"derler, ama önemli olan çok iyi anlayabilmektir.

3. **Kabullenme:** Dinleyicinin konuşma süresince objektif olmasıyla gerçekleşir. Çoğu zaman düşüncelerimize karşıt bir şeyler söylenmeye başlandığında kafamızda karşı tezler üretiriz ve bu arada anlatılanların arkasındaki duygu ve düşüncelerin bir kısmını kaçırırız. Aktif dinleme, konuşmacı sözünü bitirene kadar, sadece onun anlattıklarına konsantre olmayı ve içimizden yargılama yapmamayı gerektirir.

4. **Bütünü anlama sorumluluğunu almakta istekli olmak :** Bütünü anlamak için aktif dinleyici, kulakları, gözleri ve aklıyla dinler. Sadece söylenen sözleri değil, vurgulamaları, yüz ifadesini ve vücut dilini de değerlendirerek mesajın tamamını yakalamaya çalışır. Yine de iletilmek istenen mesajın hepsini yakalamak zordur. Bu sebeple dinleyici sorular sorarak konuyu açmalı ve netleştirmelidir. Aktif dinleyici, mesajın tam olarak kavranmasındaki sorumluluğunu, sorduğu yapıcı sorunlarla üstlenir.

Aktif Dinleme İçin Kullanılan Teknikler

1. **Kendinizi güdüleyin:** Aktif dinleme çaba gerektirir. Kişinin her şeyden önce bu çabayı göstermeye istekli olması şarttır. Bunun için anlatılanları anlamak istediğinizi, kendinize kabul ettirin.

2. **Göz teması kurun:** Gözler, iletişimde sözlerden daha önemlidir. Bakın, Ralph Waldo Emerson ne diyor: "Gözler bir şey, dil başka bir şey söylediği zaman, tecrübeli birisi ilk söylenene inanır." Konuşmacı için söylenen bu söz, dinleyen için de geçerlidir. Kulaklarımızla dinleriz,

ancak insanlar dinleyip dinlemediğimizi bakışlarımızla değerlendirir. Konuşmacıyla göz teması kurmak ilgilendiğinizi gösterir ve konuşmacıyı motive eder. Göz teması kurmak bazı insanlara zor gelebilir. Bir kişinin gözlerine sürekli bakmak rahatsızlık verebilir. Bunu önlemek için karşınızdaki insanın kaşlarının birbirine yaklaştığı noktalardan alnına doğru uzana bir üçgen hayal edin ve bu üçgenin ortasına bakın. Korkmayın, hiçkimse muhatabınızın alnına baktığınızı fark etmeyecektir.

3. İlgilenin: Aktif dinleyici konu ile ilgilendiğini gösterir. Sözsüz iletişim bu konuda yardımcı olur. Başka yapılan hareketler, yüz ifadeleri, göz temasıyla birleşince konuşmacı ilgilendiğinizden emin olur.

4. Dikkat dağıtıcı hareketlerden kaçının : İlgi göstermenin bir diğer yönü, kafanızın başka yerde olduğunu gösteren hareketler yapmaktan kaçınmaktır. Kaleminizle oynamak, kağıtları karıştırmak, saatinize bakmak, elbiselerinizle oynamak gibi konuşmacıya kendisini dinlemediğiniz izlenimini verebilir.

5. Empatik iletişim kurun: Empati, kendinizi karşınızdaki kişinin yerine koyarak anlamak demektir. Kendinizi konuşmacının yerine koyun. Bunun için konuşmacının kim olduğunu, ilgi alanını, ihtiyaçlarını, tutumlarını, beklentilerini anlamaya çalışın.

6. Resmin bütününü görmeye çalışın: Anlatılanlar kadar, arkasındaki anlamı yakalamaya çalışın. Söylenenlerin yanında konuşmacının beden diline, yüz ifadelerine, yaptığı tonlamalara ve vurgulamalara da dikkat etmek gerekir.

7. Soru sorun: Dinlediklerinizi anlayıp soru sormak anladıklarınızı kesinleştirir, konuyu netleştirir ve konuşmacıya ilgilendiğinizi gösterir.

8. Tekrarlayın: Zaman zaman konuşmacının söylediklerini kendi kelimelerinizle tekrarlayın. "Anladığım kadarıyla şöyle diyorsunuz..." Bunu yapmakta iki amaç vardır: Doğru anlayıp anlamadığınızı kontrol etmek ve dikkatinizi toplamak.

9. Sözünü kesmeyin: Konuşmacıyı bir düşüncesini açıklarken durdurmayın. Ne demek istediğini o bitirmeden tahmin etmeye çalışmayın, açıklamasını bitirdiğinde zaten biliyor olacaksınız.

10. Söylenenleri biraraya getirin: Söylenenler arasındaki ilişkileri göz önüne alarak dinleyin. Mesajın bütününü görmeye çalışın.

11. Çok konuşmayın: Birçok insan dinlemektense kendi görüşlerini söylemeyi tercih eder. Hem konuşup hem de dinleyemezsiniz.Bu yüzden aktif dinleyici gereğinden fazla konuşmaz ve dinlemeye yoğunlaşır.

12. Önyargılı davranmayın: J.A.C.Brown, "İnanç sistemlerimizi, dünya görüşümüzü yıkabilecek şeylere o kadar direniriz ki, farkında olmadan sadece katıldığımız düşünceleri arar ve sadece onların bizi etkilemesine izin veririz!" demiş. Bu gerçek, çoğumuz için doğrudur.Konuşan kişi hakkında önceden edindiğimiz bilgilerin etkisiyle, kişiyi çok iyi anlamak yerine, ona vereceğimiz cevabı düşünmek bizi güç durumlara düşürebilir.

13. Konuşma ve dinleme arasında yumuşak geçişler yapın: Bir öğrenci öğretmenini dinlerken sadece dinler, konuşmaz. Ancak sorma ihtiyacı duyduğunda konuşur ve yine dinlemeye geçer. Fakat iş hayatında durum değişiktir. Kişi konuşmacı ve dinleyici rolleri arasında gidip gelir. Aktif dinleyici, dinleyici rolündeyken konuşma sırası geldiğinde ne söyleyeceğine değil, konuşmacının ne söylediğine konsantre olur.

14. **Doğal olun:** Aktif dinleyici doğal davranır. Aşırı göz teması, yüz ifadeleri, ilgi, soru dinleyenin güvenilirliğini etkiler. Aktif dinleyici kendi özelliklerine uygun bir tarz geliştirmeli ve abartıya kaçmamalıdır.

Sonuç olarak, hepimiz dünyayı farklı şekillerde algılıyoruz. Başkalarının sizi anlamasını istiyorsanız, önce siz onları anlayın. Karşınızdakini dinleyip anladığınız an alacağınız cevap şudur: "Siz beni anlıyorsunuz, o halde ben de sizden etkilenmeye hazırım."

Kaynakça

- Makaleler, Robert Dilts
- NLP in 21 Days – A Complete Introduction and Training Programme, Harry Alder & Beryl Heather
- Sınırsız Güç, Anthony Robbins, İnkılap Kitabevi
- Yol Aç, Mümin Sekman, Alfa Yayınları
- NLP Sinir Dili Programlaması, Harry Alder, Sistem Yayıncılık
- Başarı İçin Stratejiler, John C. Maxwell, Jim Dornan, Sistem Yayıncılık
- The Whole Brain Business Book, Ned Herrmann, McGraw-Hill
- Kişisel Gelişim ve Değişim Dergisi, Sayı:1, Beyaz Yayınları
- Yönetim Sanatı "Başarılı Yönetim ve Yöneticilik Teknikleri" , Nihat AYTÜRK, Emel Yayınevi

Gelişim Dizisi

NLP eğitimi için gerekli olan tüm konuları kapsayan bu kitap güçlü bir rehberdir. Kişisel ilişkilerden ve kariyerin gelişmesinden, pazarlamaya, görüşmeye, toplum karşısında konuşmaya hatta telafuz ve zihinsel matematiğe kadar hayatı tüm yönleriyle geliştiren Sinir Dili Programını (NLP) tanıyan ve sayıları sürekli artan bir çok insan bu programdan faydalanacaktır.

En iyi iki NLP eğitimcisi tarafından yazılan "21 Günde NLP" isimli bu eser 21 ana konu altında kendi durumunuza hemen uygulayabileceğiniz bir çok örnek ve alıştırmalar sunmaktadır.

NLP'yi anlamak ve uygulamak size aşağıdaki konularda yardımcı olacaktır.

- Kişisel ilişkiler kurmak
- İkna yeteneğinizin gelişmesi
- Pozitif zihinsel düşünceye sahip olmak
- Geçmişteki negatif deneyimlerin üstesinden gelmek
- Hedeflerinize odaklanabilmek ve enerjinizi onları gerçekleştirmek için kanalize etmek
- Yapabileceğinizin en iyisini yapmak
- Hissediş şeklinizi kontrol etmek

- Başarmak istediğiniz şeylerle inançlarınızı ve değerlerinizi paralel tutmak
- İstenmeyen davranışlarınızı değiştirmek
- Ne yapmak isterseniz isteyin kendinize güvenmek
- Daha önce imkansız olduğunu düşündüğünüz hayallerinizi gerçekleştirmek
- Zamanınızı daha etkili kullanmak
- Diğer insanlarda hayran olduğunuz yetenekleri kazanmak
- Hayattan daha fazla zevk almak

Harry Alder & Beryl Heather